■ 구역 출석부 ■   (1월~6월)

번호	이 름 \ 주 월 일	1	2	3	4	5	6	7	8	9	10	11	12
1													
2													
3													
4													
5													
6													
7													
8													
9													
10													
11													
12													
13													
14													
15													
16													
17													
18													
19													
20													
21													
22													
23													
24													
25													
통계란	출　　　석												
	결　　　석												
	헌　　　금												

(개인계)

13	14	15	16	17	18	19	20	21	22	23	24	25	26	출석	결석	헌금

★27주부터는 책 뒷부분에 있음

■ 구역원 명부 ■　　　　　　　　　　(　　　구)

번호	이름	생년월일	직업	가족수	연락처
1					
2					
3					
4					
5					
6					
7					
8					
9					
10					
11					
12					
13					
14					
15					
16					
17					
18					
19					
20					
21					
22					
23					
24					
25					

구역예배·속회용
구역예배서

구역예배·속회용

구역예배서

2019년 11월 15일 초판 1쇄인쇄

지은이 | 박종순, 박진석, 유승대, 김병삼, 옥성석, 김창근
펴낸이 | 황성연
펴낸곳 | 한국문서선교회
주　소 | 경기도 파주시 광탄면 혜음로 883번길 39-32
주문처 | 하늘물류센타
전　화 | 031-947-8838
팩　스 | 0505-365-0012

ISBN 978-89-8356-287-6

Copyright@2019, 한국문서선교회
저작권법에 의하여 한국 내에서 보호받는 저작물이므로 무단전제와
무단복제를 금합니다. 이 책의 내용의 일부 전부를 사용하려면
반드시 저작권자와 도서출판 한국문서선교회의 서면 동의를 받아야 합니다.

※ 정가는 뒤표지에 있습니다.
※ 잘못되거나 파손된 책은 구입하신 서점에서 교환하여 드립니다.

구역예배·속회용

구역예배서

박종순 · 박진석 · 유승대 · 김병삼 · 옥성석 · 김창근

한국문서선교회

일러두기

1. 성경은 개역개정판을, 찬송은 21세기 새찬송가를 사용했으며, ( ) 안에 통일찬송가를 표기해 두었다.
2. 외울 요절은 한번 복창해 보고 외워 볼 수 있는 시간을 주는 배려도 좋을 것이다.
3. 기도의 경우는 본문 주제에 맞춘 간단한 기도문으로, 구역원의 가정과 교회, 예배드리는 가정을 위해 기도한다.
4. 학습문제의 답은 그날 공부한 것을 복습하는 것이므로 주제에 어긋나지 않는 한 여러 답안이 제시될 수 있다.
5. 중보기도는 한 주간 동안의 기도 제목으로 정하여도 좋을 것이며, 개인의 특별한 기도 제목을 첨가해도 좋을 것이다.
6. 만남의 준비는 다음 구역예배를 은혜스럽게 하기 위한 준비 과제이므로 반드시 성경 말씀을 미리 알려주어 읽고 묵상하도록 한다.

머리말

해마다 구역예배서가 출간됩니다. 어느 책이나 의미와 가치는 독자들이 정합니다. 그런 면에서 구역예배서는 사랑과 필요성이 검증된 선물입니다.

예배의 의미가 희석되고 바른 예배가 약화되고 있는 상황에서 예배의 회복이 시급합니다. 그중 가장 시급하고 우선해야 될 부분이 구역예배입니다.

구역예배는 가정예배이기도 합니다. 가정의 신앙화는 교회와 국가 회복의 출발점입니다. 건강한 가정이 건강한 교회와 국가를 세웁니다. 그런 의미에서 구역예배를 위한 예배 지침서는 소중한 가치를 지닙니다.

한국문서선교회와 참여하신 필진들에게 감사드립니다. 그리고 이 책을 대하는 모든 분들에게 하나님의 은혜가 함께 하시기를 기도드립니다.

집필자를 대표하여 박 종 순 목사

구역예배 인도지침

이 「구역예배서」를 사용하면서 예배를 인도하는 데 있어 다음 사항을 잘 참고하면 크게 도움이 될 것이다.

1. 구역예배의 준비

"교회 부흥은 구역의 부흥에서부터"란 말이 있다. 그러므로 구역의 책임을 맡은 구역장이나 권찰은 구역의 목회자라는 소명감으로 구역을 잘 관리하고 돌보아야 한다.

구역 운영에서 중요한 것이 구역예배인데, 예배를 인도하는 자는 다음의 몇 가지를 특히 유의해서 준비함으로써 예배가 은혜스럽도록 해야 한다.

(1) 장소 : 구역예배는 구역원의 가정을 돌아가면서 드리는 것이 상례이나 부득이 사양하는 가정이 있으면 강요하지는 말아야 한다. 장소의 결정은 적어도 1주일 전에 동의를 얻어 정하고, 예배 2~3일 전에 반드시 확인해야 한다.

(2) 시간 : 주님이 고난당하신 날인 성금요일에 대개 모이고 있다. 특히 금요일은 삼일 기도회와 주일의 중간이므로 적당하나, 모이는 가정의 사정에 따라 다른 날에 모여도 무방하다. 시간은 편리한 시간을 정해서 하되 식사 시간은 피하는 것이 좋으며, 특히 농촌이나 직장인을 중심으로 하는 구역에선 일과가 끝난 저녁 시간에 모이는 것도 좋다.

(3) 말씀 준비 : 구역예배에 있어서도 다른 예배와 마찬가지로 말씀 증거가 중심이 된다. 그러므로 인도자는 기도로 준비하고, 본문 말씀을 잘 파악해서 증거해야 한다.

그리고 공과(설교집)를 완전히 마스터해서 자기의 설교로 소화한 다음에 전해야 은혜가 된다. 이때 특별히 유의할 점은 구역원의 사정을 잘 살펴서 한 사람이라도 상처를 입거나 시험에 들 이야기는 삼가야 한다.

2. 예배의 진행 및 순서

(1) 여는 기도 : 개회시에 조용히 머리 숙여 마음을 가다듬을 때 사회자가 성경을 1-2절 봉독하는 것이 은혜스럽다. 대개 시편에서 찾아 읽는 것이 좋으나 그 가정의 특별한 상황이나 혹은 설교 내용과 부합되는 구절을 찾아 읽는 것도 좋다.
사도신경으로 신앙을 고백함으로써 예배를 시작하는 것도 좋다.

(2) 찬송 : 주제에 맞추어 2곡씩 실었다. 그러나 그 가정에서 원하는 찬송을 부르는 것도 좋다. 예배의 분위기에 따라 많이 부를 수도 있다.   ※ 21세기 새찬송가 / (   ) 안은 통일찬송가이다.

(3) 기도 : 구역원 중에서 간단 명료하게 하는 것이 좋다.

(4) 성경 봉독 : 성경 본문을 서로 윤독하는 것이 좋으나, 본문이 짧은 경우는 사회자와 교우가 교독하는 것도 좋다.

(5) 설교 : 본 설교집을 바탕삼아 충분히 준비해서 하되, 시간은 10분 정도가 적당하다고 본다.

(6) 학습문제 : 설교의 매 편마다 학습문제를 제시했다. 인도자는 질문을 해서 구역원들이 답을 하도록 유도하는 것이 좋다.

(7) 기도 : 설교자가 한다. 증거한 말씀이 삶에 적용되기를 위하여, 구역원들의 신앙과 가정을 위하여, 그 모인 가정을 위하여 할 것이다. 교회와 나라를 위하여 기도하는 것도 좋다. 특히 구역 내에 환자나 어려움을 당한 가정이 있을 경우 그를 위해 기도하는

것을 잊지 말아야 한다.
(8) 헌금 : 교회 방침에 따라 한다.
(9) 보고 : 출석 확인, 회계 보고 등을 한다. 애경사나 구역원의 협조를 요하는 일이 있으면 광고한다.
(10) 찬송 : 폐회 찬송은 설교에 맞추어 힘차고 기쁜 찬송을 택할 것이다.
(11) 폐회 : 주기도문으로 폐회한다. 목사님을 모셨을 경우는 축도로 폐회하는 것도 좋다.

3. 친교

구역예배는 구역원간의 교제를 통해서 결속을 돈독히 하는 데 목적이 있다. 그러므로 예배를 마치고 간단한 다과를 나누며 성도의 교제 시간을 갖는 것이 유익하다(대부분의 구역이 이를 시행하고 있다).

여기에서 주의할 것은 그 가정에 너무 큰 부담을 주어서는 안 된다. 가정 형편이 어려운 집은 모이기를 기피하고 이로 인해 시험 당할 수도 있기 때문에 간단히 하도록 지도해야 할 것이다. 구역 형편에 따라 이를 폐지해도 무방하다.

또 하나는 대화의 내용이다. 모든 대화는 믿음 안에서 할 것이며, 신앙생활에 부덕한 화제는 피해야 한다. 남의 흉을 보거나 상처를 주는 말은 하지 말아야 한다.

목차

PART 1   박종순 목사 편

1월 주님과 동행하는 달
  1. 하나님의 평강 · 14
  2. 순종하는 사람들 · 18
  3. 의사가 필요 없는 사람들 · 22
  4. 복 받은 사람들 · 26
  5. 시험을 참는 사람들 · 30

2월 진정한 예배의 삶을 사는 달
  6. 가만히 서서 구원을 보라 · 34
  7. 무릎 꿇고 두손 들고 · 38
  8. 성전을 향하여 · 42
  9. 믿으면 그대로 됩니다 · 46

PART 2   박진석 목사 편

3월 영성훈련과 신앙성장의 달
  10. 나의 믿음 없는 것을 도와주소서! · 52
  11. 오직 성령으로 · 56
  12. 성도의 주적은 누구인가? · 60
  13. 믿는 것이 하나님의 일입니다 · 64

4월 십자가 사랑과 부활 승리의 달
  14. 고난으로 배우는 일체의 비결 · 68
  15. 시험의 고난을 받으신 샬롬의 왕 · 72
  16. 회개의 복음 · 76
  17. 부활의 첫 열매 · 80

PART 3 유승대 목사 편

5월 행복한 가정을 가꾸는 달
18. 성경적 자녀교육 · 86
19. 자녀에게 제일 좋은 환경은 부모 · 90
20. 천국을 경험하는 가정 · 94
21. 자녀들에게 줄 선물 · 98
22. 행복한 부부 · 102

6월 건강한 공동체를 세우는 달
23. 교회 직분자의 자격(1) · 106
24. 교회 직분자의 자격(2) · 110
25. 하나 되게 하소서 · 114
26. 교회의 통일성과 다양성 · 118

PART 4 김병삼 목사 편

7월 성령충만으로 새롭게 되는 달
27. 잃어버린 성령님을 찾으십시오 · 124
28. 성령님께 초점을 맞추십시오 · 128
29. 성령님과 친해지십시오 · 132
30. 성령님께 물어야 합니다 · 136
31. 성령님이 임하실 때 · 140

8월 하나님 음성을 듣는 달
32. 하나님 음성은 순종하기 위해 듣는 것입니다 · 144
33. 하나님은 다양한 방법으로 말씀하십니다 · 148
34. 하나님 음성을 들으려면 겸손과 인내가 필요합니다 · 152
35. 하나님 음성을 분별하십시오 · 156

PART 5 옥성석 목사 편

9월 예수 증인의 삶을 사는 달
- 36. 아는 것을 말하고, 본 것을 증언하는가? · 162
- 37. 그 후, 나사로는 이랬다 · 166
- 38. 하늘 농부의 꿈 · 170
- 39. 맏이여, 기쁨을 회복하라 · 174

10월 사랑의 수고를 다하는 달
- 40. 발을 씻긴다는 것 · 178
- 41. 나의 사랑에는 '수고'가 있는가? · 182
- 42. 그렇다면 우리는 어떻게 할 것인가? · 186
- 43. 혼자 만들 수 없는 단어, 연합 · 190
- 44. 과연 '최후의 만찬' 이었던가? · 194

PART 6 김창근 목사 편

11월 날마다 감사가 이어지는 달
- 45. 감사의 기적 · 200
- 46. 여호와께 감사하기 · 204
- 47. 감사가 만든 구원 · 208
- 48. 하나님의 뜻을 구하는 그리스도인 · 212

12월 기쁜 성탄과 송구영신의 달
- 49. 큰 기쁨의 소식 · 216
- 50. 유대인의 왕 · 220
- 51. 알파와 오메가 · 224
- 52. 하나님의 나라에 합당한 자 · 228

PART 1

박종순 목사 편

1월 주님과 동행하는 달

1. 하나님의 평강
2. 순종하는 사람들
3. 의사가 필요 없는 사람들
4. 복 받은 사람들
5. 시험을 참는 사람들

2월 진정한 예배의 삶을 사는 달

6. 가만히 서서 구원을 보라
7. 무릎 꿇고 두손 들고
8. 성전을 향하여
9. 믿으면 그대로 됩니다

01 하나님의 평강

> 성경 : 빌립보서 4:4-7(암기 요절 6-7절)
> 찬송 : 370(통 455), 431장
> 주제 : 우리는 무엇을 생각하느냐, 어떤 마음을 품느냐에 따라 평안할 수도 있고, 불안할 수도 있다.

사람의 뇌는 약 일천억 개의 신경세포로 구성되어 있고 한 개의 신경세포는 다시 수천 개의 신경세포와 연결이 되어 있다고 합니다. 사람의 뇌를 펼쳐 놓으면 신문지 한 장 넓이밖에 되지 않지만 뇌의 기능이나 역할은 상상을 초월합니다.

문제는 그 뇌가 무엇을 생각하느냐, 무엇을 계획하느냐에 따라 성공할 수도, 실패할 수도 있으며, 좋은 사람이 될 수도, 나쁜 사람이 될 수도 있다는 것입니다.

1. 항상 기뻐해야 합니다

4절을 보면 "주 안에서 항상 기뻐하라 내가 다시 말하노니 기뻐하라"고 했습니다. "기뻐하라"는 말 "카이레테"(χαίρετε)는 능동태 명령법으로 어떤 상황에 처하더라도 기뻐하라는 것입니다.

다시 말하면 성공했든지 실패했든지, 돈을 벌었든지 벌지 못했든지, 건강하든지 병들었든지, 잘 살든지 못 살든지 기뻐하라는 것입니다. "주 안에서" 가능합니다. 바울은 그것을 체험했고, 간증했습니다.

바울은 빌립보 감옥에서도 기뻐하며 찬송했습니다(행 16장). 복음 전하다 억울한 누명을 쓰고 매를 맞고 투옥되었지만 그는 옥중에서 기뻐하며 찬송했습니다. 그 결과 옥문이 열렸습니다.

권력이나 돈이나 명예가 사람을 기쁘게 할 수 있습니다. 그러나 그 기간이 짧습니다. 아름다움이나 건강이 나를 기쁘게 해 줄 수 있습니다. 그것도 잠깐입니다. 그러나 주 안에 있으면 악조건이 기회로 변하고 불행이 행복으로 바뀌고 죽음이 생명으로 전환됩니다.

2. 관용해야 합니다

5절을 보면 "너희 관용을 모든 사람에게 알게 하라 주께서 가까우시니라"고 했습니다. 여기서 말하는 관용이란 박해에 대한 온유, 자신에게 손해를 끼친 사람에 대한 용서, 감정의 절제를 말합니다.

감정이나 원한이나 앙심을 품으면 마음의 평안이 깨져 버립니다. 사람의 감정은 연약하고 흔들립니다. 어떻게 그 감정의 흔들림을 막을 수 있습니까? 그것은 관용하는 것입니다. 모든 것을 수용하는 너그러움, 감정의 절제, 용서가 있다면 내 안에 있는 평안을 지킬 수 있습니다.

3. 기도해야 합니다

6절을 보면 "아무 것도 염려하지 말고 다만 모든 일에 기도와 간구로, 너희 구할 것을 감사함으로 하나님께 아뢰라"고 했습니다.

염려는 하나님을 의심할 때, 그리고 믿음이 부족할 때 일어납니다. 그래서 베드로는 "너희 염려를 다 주께 맡기라 이는 그가 너희를 돌보심이라"(벧전 5:7)고 했습니다. 그리고 8절에서는 "근신하라 깨어라 너희 대적 마귀가 우는 사자같이 두루 다니며 삼킬 자를 찾나니"라고 했습니다.

　의심하게 만드는 것, 폭력을 부추기는 것, 난폭하게 만드는 것, 이간질 하는 것, 평화를 깨트리는 것 이 모든 것은 마귀가 하는 일입니다. 사탄은 기도를 방해하고, 찬송을 방해하고, 감사를 방해합니다. 기도해야 합니다.

4. 구하면 어떻게 됩니까?

　7절을 보면 "그리하면 모든 지각에 뛰어난 하나님의 평강이 그리스도 예수 안에서 너희 마음과 생각을 지키시리라"고 했습니다.

　하나님이 주시는 평강의 성격은 첫째, 모든 지각에 뛰어난 평강입니다. 그 뜻은 사람의 머리로는 생각할 수 없는 평강이라는 것이고 전적으로 하나님의 주시는 평강이라는 것입니다. 둘째, 마음과 생각을 지키는 평강입니다. 그 뜻은 나의 의지, 감정, 판단, 결정을 평안하게 해 준다는 것입니다.

　평강은 내 마음과 내 지각과 내 생각을 다스려야 회피하지 않습니다. "그리하면"이라는 접속사는 기도와 평강을 연결시킵니다. 기도하면 하나님이 평강을 주시고, 기도하면 내 마음과 생각을 빼앗기지 않을 수 있다는 것입니다.

▶학습문제

(1) 사람의 흔들리는 감정을 막을 방법은 무엇입니까?(5)
　　답 : 모든 것을 수용하는 너그러움, 감정의 절제, 용서가 있다면 내 안에 있는 평안을 지킬 수 있습니다.
(2) 어떻게 하나님의 평강을 지킬 수 있습니까?(4, 7)
　　답 : 예수 그리스도 안에서 기쁨, 관용, 기도, 평강이 지속되고 발

전됩니다.

🌿 기도
하나님 아버지, 주 안에서 기뻐하고, 관용하고, 기도하고, 참 평강을 누리기 원합니다. 더 깊은 주의 은혜로 주님과 동행하게 하소서. 예수님의 이름으로 기도합니다. 아멘

🌿 중보기도
(1) 모든 성도가 관용함으로 화평을 지키는 교회가 되게 하소서.
(2) 온 나라가 주와 동행하는 기쁨과 평강을 얻게 하소서.

> ▶ **만남의 준비**
> 창세기 22:1-14을 읽고 하나님께 순종하는 삶이 무엇인지 생각해 봅시다.

02 순종하는 사람들

성경 : 창세기 22:1-14(암기 요절 14절)
찬송 : 425(통 217), 436(통 493)장
주제 : 순종과 불순종은 길들이는 습관에 따라 좌우된다. 순종은 주님과 동행하는 좋은 습관이다.

하나님은 때로 파격적 행동과 명령으로 그의 백성들을 놀라게 하실 때가 있습니다.

어느 날 하나님은 아브라함에게 외아들 이삭을 번제로 바치라는 명령을 내리셨습니다. 이 명령은 도저히 순종하기 어려운 명령이었고, 있을 수 없는 명령이었습니다.

1. 순종이란 어려움을 극복하고 실천하는 것입니다

이삭을 바치기 어려운 여러 가지 이유가 있었습니다.

먼저, 100세에 낳은 아들이기 때문입니다. 아브라함과 사라는 생리적으로 이미 생산이 불가능했습니다(창 18:11-14). 그러나 하나님의 은혜로 100세에 아들 이삭을 얻게 된 것입니다.

둘째, 사랑하기 때문입니다. 하나님도 아브라함이 이삭을 사랑하는 줄을 알고 계셨습니다(2). 100세에 낳은 외아들입니다. 어떻게 사랑하지 않을 수 있겠습니까?

셋째, 방법이 어렵기 때문입니다. 번제란 짐승을 잡아 드리는 제사입니다. 가죽을 벗기고, 고기는 각을 뜨고 번제단에 올려 놓은 후 불로 태워드립니다.

넷째, 합의점 도출이 어렵기 때문입니다. 독립된 인격과 생각을 가진 이삭을 어떻게 아버지 마음대로 바칠 수 있겠습니까?

이삭을 바치기엔 너무나 어려운 조건들이 가로막혀 있었습니다.

2. 아브라함은 순종했습니다

아브라함은 여기서 하나님의 명령과 법과 뜻에 우선순위를 두었습니다. 아브라함의 전폭적 순종과 결단이 드러납니다(1,3,9,10).

예수님 역시 "나의 원대로 마시옵고 아버지의 원대로 하옵소서"(마 26:39)라며 하나님의 뜻을 따랐습니다.

사도 바울도 "사람들에게 좋게 하랴 하나님께 좋게 하랴 … 사람들의 기쁨을 구하였다면 그리스도의 종이 아니니라"(갈 1:10)고 했습니다.

순종할 수 있는 것, 순종하기 쉬운 일을 순종하는 것은 대단한 사건이 아닙니다. 그러나 아브라함처럼 도저히 불가능한 일을 순종하는 것은 위대한 결단입니다. 어떻게 그것이 가능했겠습니까?

첫째, 순종이 아브라함의 체질이었기 때문입니다(창 12-25장). 둘째, 모든 것이 하나님의 것이라고 믿었기 때문입니다(욥 1:21, 대상 29:11). 셋째, 하나님의 준비를 믿었기 때문입니다(14).

아버지를 따라 모리아 산을 올라가고 있던 이삭이 물었습니다. "불과 나무는 있거니와 번제할 어린 양은 어디 있나이까?"(7)

아브라함의 대답이 중요합니다. "내 아들아 번제할 어린양은 하나님이 자기를 위하여 친히 준비하시리라"(8)

하나님은 준비하시는 분입니다. 우리를 위해 구원과 영생을 준비해 주셨고, 천국을 준비해 주셨습니다. 이삭 대신 양을 준비하신 하나님은 우리를 위해 어린양 예수를 준비해 주셨습니다. 하나님의 준비는 완벽하고 철저합니다.

3. 이삭도 순종했습니다

이삭은 이른 아침 아버지를 따라 나섰습니다(3). 번제에 쓸 도구를 등에 지고 올라갔습니다(6). 결박할 때 순순히 손을 내밀어 결박을 받았습니다(9).

대부분의 주석가들은 이삭의 순종은 아버지 아브라함의 모범과 교육 때문이었다고 말합니다. 강요한 일이 없었습니다. 윽박지른 일도 없었습니다. 그러나 이삭은 보고 듣고 배운 것이 아버지의 순종과 믿음이었습니다. 그래서 이삭 역시 순종은 당연한 것이며 필수적이라는 것을 배운 것입니다.

결론은 축복과 은총입니다. 하늘의 별과 바닷가의 모래와 같이 창성하게 되리라고 하셨고 후손이 복을 받고 대적을 이길 것이며 천하 만민이 그의 씨로 인하여 복을 얻을 것이라고 했습니다(15-18). 순종의 결과인 것입니다.

▶학습문제

(1) 아브라함의 순종은 위대한 결단입니다. 어떻게 가능했습니까?(1-10)

    답: 순종이 체질이 되었고, 모든 것이 하나님의 것이라고 믿었기 때문입니다.

(2) 이삭의 순종에서 배울 것은 무엇입니까(3, 6, 9)?

    답: 자식이 순종의 사람이 되기 위해서는 부모가 순종의 모범을

보여야 합니다.

🌸 기도
사랑의 하나님, 어떤 상황에서도 순종하는 모범을 나타내기 원합니다. 순종하는 좋은 습관으로 축복과 은총의 삶을 지속하게 하옵소서. 예수님의 이름으로 기도합니다. 아멘

🌸 중보기도
(1) 부모의 믿음과 순종으로 자녀와 후손에게 신앙이 전승되게 하옵소서.
(2) 탈선의 위기에 있는 청소년들이 예수 생명으로 말미암아 희망을 발견하게 하옵소서.

> ▶ 만남의 준비
> 누가복음 5:27-32을 읽고 예수님이 이 땅에 오신 이유에 대해 생각해 봅시다.

03 의사가 필요 없는 사람들

성경 : 누가복음 5:27-32(암기 요절 32절)
찬송 : 305(통 405), 532장(통 323)
주제 : 예수 잔치는 용서 받은 죄인들이 함께 모여 감격하며 감사하며 '나 같은 죄인'을 노래하며 벌이는 잔치이다.

"건강을 잃으면 모든 것을 잃는 것이다"라는 말이 있습니다. 중요한 것은 발병 원인이 규명되어야 치료가 가능하다는 것입니다.

이것은 신체의 경우만이 아닙니다. 정치가 그렇고, 사회가 그렇고, 가정이 그렇고, 내 삶이 그렇습니다. 왜 세상이 어지럽고 점점 더 어려워 갑니까? 왜 마음의 평안이 없습니까? 원인에 문제가 생겼기 때문입니다.

본문은 예수님께서 레위라는 사람을 제자로 부르신 기사입니다. 레위의 직업은 세관 직원이었습니다.

1. 주님의 부르심에 즉시 결단했습니다

예수님 당시 유대나라 세무공무원은 로마국세청의 지시를 따라 과세와 징수를 책임지고 있었던 탓으로 유대인들이 경시하는 직업이었습니다. 그런데 어느 날 예수님께서 그를 찾아오셔서 "나를 따르라"(27)고 하신 것입니다.

주님이 제자들을 부르신 경우를 보면 타협, 의논, 협상이 아닙니다. 일방적 명령이었고 촉구였습니다. 그리고 거기에 대답하고 따른 사람은 제자가 되었고, 망설이거나 주저한 사람은 제자가 되지 못했습니다(마 19:16-22).

예수님에 관한 관심이 신앙을 유발합니다. 그러나 관심이 신앙은 아닙니다. 영생이나 진리에 대한 궁금증이 신앙으로 발전할 수 있지만 그러나 그것이 곧 신앙은 아닌 것입니다.

"잘 믿어야지, 바로 믿어야지"라는 생각은 좋은 것입니다. 그러나 생각만 한다면 신앙으로 발전하지 못합니다. 레위처럼 모든 것을 버리고 일어나 좇는 결단이 있어야 합니다. 망설이고 머뭇거리는 것은 신앙의 적입니다.

2. 예수 잔치를 벌였습니다

29절을 보면 "레위가 예수를 위하여 자기 집에서 큰 잔치를 하니 세리와 다른 사람이 많이 함께 앉아 있는지라"라고 했습니다. 훗날 레위는 마태라는 이름을 가진 제자가 되었고 마태복음을 쓴 저자가 되었습니다.

성경은 잔치로 시작해 잔치로 끝납니다. 예수님의 생애는 잔치로 시작해 잔치로 그 절정을 이룹니다. 예수님이 공적 사역을 시작한 후 첫 번째 베푸신 기적이 가나 혼인 잔치에 가셔서 물로 포도주를 만드신 것이었습니다. 잔치로 시작된 예수님의 사역은 요한계시록에 기록된 어린양의 혼인 잔치로 그 절정을 이루게 됩니다. 그리고 새 하늘과 새 땅인 천국에서 영원히 그 축제가 계속됩니다.

교회는 예수 잔치의 지상 모델입니다. 함께 모이고, 만나고, 사귀고, 돕고, 사랑하는 이런 공동체가 어디 있겠습니까?

3. 의사 얘기로 결론을 내리셨습니다.

30절을 보면 '왜 예수는 세리들과 함께 먹느냐, 왜 죄인들과 함께 마시느냐' 라며 시비를 거는 사람들이 있었습니다. 그들에게 주님은 의사 이야기로 답변하셨습니다.

'세리들, 죄인들 그들은 의사의 손길이 필요한 환우들이다. 나는 의사다. 그들에게 의사가 필요하지 않겠느냐'(31)라는 것이 예수님의 대답이셨습니다. 그리고 한 걸음 나아가 "내가 의인을 부르러 온 것이 아니요 죄인을 불러 회개시키러 왔노라"(32)고 말씀하셨습니다.

여기서 짚어야 할 것은 과연 "죄 없는 사람이 있느냐, 누구냐?"라는 것입니다. 사도 바울은 "의인은 없나니 하나도 없다"(롬 3:10)고 했고, "모든 사람이 죄를 범하였다"(롬 3:23)고 했습니다.

나도 너도 죄가 있고 허물이 있습니다. 그래서 예수 잔치는 의인들의 축제가 아닙니다. 예수 잔치는 용서받은 죄인들이 함께 모여 감격하며 감사하며 '나 같은 죄인' 을 노래하며 벌이는 잔치입니다.

지난 날엔 병들었고 의사가 필요했던 사람들! 그러나 이제는 의사가 필요 없는 사람들이 모여 벌이는 잔치가 예수 잔치인 것입니다.

▶학습문제

(1) 주님의 부르심에 망설이거나 주저하는 사람들의 이유는 무엇입니까?(마 19:16-22)

　답: 청년은 재물이 많아 영생의 길을 선택하지 못했습니다.

(2) 예수님이 이 땅에 오신 이유는 무엇입니까?(32)

　답: 예수님은 죄인을 불러 회개시키러 이 땅에 오셨습니다. 바로 우리가 죄인입니다.

🌱 기도

은혜의 주님, 죄와 허물로 죽었던 나를 살려 주셔서 감사합니다. 용서받은 은혜에 감격하며 감사하며 노래하는 잔치에 참여하며 살게 하옵소서. 예수님의 이름으로 기도합니다. 아멘

🌱 중보기도

(1) 복음이 전해지는 곳곳에 즉시 결단하고 주님께로 돌아오는 영혼들로 가득하게 하옵소서.
(2) 해외 파송 선교사에게 지혜와 용기를 더하셔서, 받은 사명을 따라 예수 잔치를 선포하게 하옵소서.

> ▶ 만남의 준비
> 히브리서 6:13-20을 읽고 믿음 안에서 참된 복은 무엇인지 생각해 봅시다.

04 복 받은 사람들

> 성경 : 히브리서 6:13-20(암기 요절 19-20절)
> 찬송 : 300(통 406), 543장(통 342)
> 주제 : 누구나 복을 원하고 기대하지만 뜻하는 대로 복이 오지 않는다. 복은 내가 만드는 것이 아니라 하나님께로부터 오기 때문이다.

성경이 말하는 복은 어느 한 가지만을 의미하는 것은 아닙니다. 영혼도 복을 받고, 육신도 복을 받고, 환경도 복을 받는 통전적 복을 성경은 강조하고 있습니다.

요한 3서 2절을 예로 들 수 있습니다. "사랑하는 자여 네 영혼이 잘됨 같이 네가 범사에 잘되고 강건하기를 내가 간구하노라"라고 했습니다. 영혼도 환경도 육신도 잘 되는 것이 행복이라는 것입니다.

문제는 누구나 복을 원하고 기대하지만 뜻하는 대로 복이 오지 않는다는 것입니다. 누가 저주 받기를 원하겠습니까? 누가 복을 마다하겠습니까? 다 복 받기를 원하고, 잘 살기를 원하고, 행복하기를 원하지만 그것이 뜻대로 되지 않는다는 데 문제가 있는 것입니다. 복은 내가 만드는 것이 아니라 하나님께로부터 오는 것이기 때문입니다.

1. 확실한 복입니다

13절을 보면 "하나님이 아브라함에게 약속하실 때에 가리켜 맹세할 자가 자기보다 더 큰 이가 없으므로 자기를 가리켜 맹세하여"라고 했고, 14절을 보면 "내가 반드시 너에게 복 주고 복 주며"라고 했습니다.

하나님은 아브라함에게 복 주시겠다고 약속하실 때 하나님보다 더 큰 이가 없기 때문에 하나님 자신을 가리켜 맹세하셨고 반드시 복을 주시겠다고 말씀하셨다는 것입니다(창 12, 14, 18, 22, 24장). 그 약속대로 그의 후손이 복을 받았고, 지금도 그들이 복을 누리고 있습니다.

확실한 하나님, 틀림없는 하나님이십니다. 그래서 하나님의 약속 역시 반드시 틀림없이 이루어 주십니다(눅 1:45).

2. 풍성한 복입니다

14절을 보면 "복 주고 복 주며 너를 번성하게 하고 번성하게 하리라"고 했습니다.

두 번 반복해, 연속적으로 복 주고 번성케 하신다는 것은 넉넉하게 풍성하게 주신다는 것입니다.

인간의 세계는 부족한 세계입니다만 하나님의 세계는 풍요의 세계입니다. 신명기 7:13을 보면 "네 토지 소산과 곡식과 포도주와 기름을 풍성하게 하시고 네 소와 양을 번식하게 하시리니"라고 했고, 에베소서 2:4을 보면 "긍휼이 풍성하신 하나님"이라고 했습니다.

하나님의 복은 넉넉하고 풍성합니다. 신명기 28장은 복 받는 비결과 저주받는 비결을 명확하게 밝혀줍니다.

신명기 28:1을 보면 "하나님의 말씀을 삼가 듣고 … 지키고 행하면"이라고 했고, 6절을 보면 "네가 들어와도 복을 받고 나가도 복을 받을 것이니라"고 했습니다.

하나님 말씀대로 살고 약속을 지키면 풍성한 축복을 주신다는 말씀을 믿고 순종하고 그대로 살아야 합니다.

3. 변치 않는 축복입니다

17절을 보면 "하나님은 약속을 기업으로 받는 자들에게 그 뜻이 변하지 아니함을 충분히 나타내시려고"라고 했고, 18절에서는 "하나님은 거짓말을 하실 수 없다"고 했습니다.

조선 성리학의 대가였던 기정진(奇正鎭)이 남긴 시 가운데 이런 구절이 있습니다.

처세유위귀(處世柔爲貴) – 세상을 사는데 부드러움을 귀히 여겨라
급지상사완(急地常思緩) – 급한 곳에 이를 때 당황하지 말고 천천히 생각하라
안시불망위(安時不忘危) – 편안할 때 위태로웠던 일들을 잊지 말라

인생이란 위기도 있고 평안할 때도 있습니다. 급한 일도 있고 느린 일도 있습니다. 성공도 있고 실패도 있습니다. 웃음도 있고 눈물도 있습니다. 사람은 그때마다 필요한 복을 줄 수가 없습니다. 그러나 하나님은 그때마다 변함없이 복을 주십니다(살후 3:16, 시 2:12, 88:12). 주님을 사랑하고 믿고 의지하는 사람들이 복을 받는다는 것입니다.

▶학습문제

(1) 하나님께서 변함없이 복을 주시는 것을 어떻게 알 수 있습니까?(살후 3:16)
　답 : 하나님만이 일마다 때마다 복과 평강을 주실 수 있습니다.
(2) 복의 근원이신 하나님께 복을 받은 사람은 어떤 사람들입니

까?(시 2:12, 84:12)
답 : 하나님만을 의지하고 믿는 사람들이 참된 복을 받은 사람들입니다.

🌱 기도
복의 근원이 되신 하나님, 오직 하나님을 의지하고 믿는 복을 누리며 평강의 삶을 살게 하옵소서. 예수님의 이름으로 기도합니다. 아멘

🌱 중보기도
(1) 실패와 위기 가운데 살아가는 현대인들이 변함없는 하나님을 의지하며 살게 하옵소서.
(2) 성도들의 일터가 하나님을 의지함으로 평강을 맛보며 하나님의 나라를 이루게 하옵소서.

▶ **만남의 준비**
야고보서 1:12-15을 읽고 바로 믿고 바로 사는 동행에 대하여 생각해 봅시다.

05 시험을 참는 사람들

> 성경 : 야고보서 1:12-15(암기 요절 15절)
> 찬송 : 342(통 395), 434장(통 491)
> 주제 : 주와 동행하는 사람은 시험을 당할 때, 기쁘게 여기고 인내한다.

야고보서는 예수님의 형제였던 야고보가 쓴 편지입니다. 편지를 받은 사람들은 이미 예수를 믿고 있는 교인들이었기 때문에 편지의 핵심은 "바로 믿고 바로 살라"는 것이었습니다. 다시 말하면 예수를 믿는 사람들이 어떻게 살 것인가를 구체적으로 교훈하고 있습니다.

믿음이란 형이상학적 개념이기 때문에 냄새도 없고 색깔도 없고 모양도 없습니다. 믿음이란 삶을 통해서 드러납니다. 어떻게 사느냐, 어떻게 행동하느냐, 어떻게 말하느냐를 통해 드러납니다. 바로 이 점을 야고보는 강조하고 있습니다.

1. 시험은 여러 가지입니다

2절을 보면 "내 형제들아 너희가 여러 가지 시험을 당하거든 온전히 기쁘게 여기라"고 했습니다.

초대교회 역사는 박해의 역사였습니다. 주후 313년 로마 콘스탄틴황제가 기독교 박해 정지령을 내리고 자신이 기독교인이 되기까지 베드로, 야고보, 요한에 이어 셀 수 없는 기독교인들이 박해를 받고 죽었습니다. 생명을 빼앗고, 가정을 파괴하고, 직업을 빼앗고 생업을 빼앗았습니다. 이것을 야고보는 여러 가지 시험이라고 한 것입니다.

시험의 장르는 다양합니다. 유혹, 시련, 욕심, 환난 등 분야가 다양합니다.

2. 기쁘게 여기라고 했습니다

시험을 만날 때에 온전히 기뻐해야 할 이유를 3절에서 "너희 믿음의 시련이 인내를 만들"기 때문이라고 했습니다.

마귀는 우리를 넘어뜨리고 유혹하고 파멸시키기 위해 시험합니다. 그러나 하나님은 보다 더 큰 은혜와 복을 주시려고 시험하십니다. 동기가 다르고 결과가 다릅니다. 그래서 13절을 보면 "… 하나님은 악에게 시험을 받지도 아니하시고 친히 아무도 시험하지" 않으신다고 했습니다. 그 뜻은 하나님은 악의 시험을 받아 넘어지거나 실족하지 않으시고 악한 동기나 방법으로 사람을 시험하지 않으신다는 것입니다.

"기쁘게 여기라"는 말씀의 뜻은 '시험을 받아들이고 싸워 이기라, 원망하거나 낙심하지 말라'는 것입니다.

기쁘게 여기라는 것은 절망하지 말라, 낙심하지 말라는 것입니다. 시험이 없으면 제일 좋습니다. 그러나 언제 어디서 누구에게나 있습니다. 그러기에 내가 그 시험을 이기려면 기쁘게 용기 있게 믿음으로 맞서야 합니다. 포기하고 절망하면 시험 앞에 무릎을 꿇고 마는 것입니다.

3. 참으라고 했습니다

12절을 보면 '시험을 참는 자는 복이 있다'고 했고, 시련을 견뎌낸 자가 "생명의 면류관을 얻을"것이라고 했습니다.

"참는다"는 말의 헬라어 원문은 휘포메노(ὑπομένω)입니다. 그 뜻은 "~ 밑에 머무르다 견디다, 참다"입니다. 무거운 것이 내리 눌러도 참고 견디는 것, 달리다가 장애물이 앞을 막으면 주저앉지 말고 제자리에서라도 뛰고 서있는 것을 의미합니다.

하나님도 참고 기다리신다는 것입니다(롬 9:22, 벧후 3:9). 신앙도 참아야 성장합니다(마 10:22). 서두르고 조급하게 굴면 성장하기 어렵습니다.

참고 견뎌야 합니다. 힘들고 어렵고 고통스러워도 참으면 결과가 좋습니다. 본문은 "생명의 면류관"을 주신다고 했습니다.

한문 글 가운데 백인(百忍)이라는 말이 있습니다. 백 번 참는다는 뜻입니다. 아흔 아홉 번까지 참았더라도 백 번째 털어 버리면 인내가 아닌 것입니다. 참고 견딥시다.

주님의 인내를 생각하십시다. 멸시도, 조롱도, 천대도, 고난도, 십자가도, 죽음도 다 참으셨습니다. 갈보리의 인내가 부활 생명을 이룩한 것입니다. 옳다 인정받기까지 참고, 참고, 또 참는 사람이 됩시다. 참고, 참고, 또 참고!

▶학습문제

(1) 우리가 시험을 만날 때에 기쁘게 여길 수 있는 이유는 무엇입니까?(마 6:32, 10:30, 시 139:1)

　　답 : 좋으신 하나님께서 나를 아시고, 우리의 필요를 아시기 때문입니다.

(2) 시험을 참을 수 있는 힘은 어디에 있습니까?(롬 9:22, 벧후 3:9)
    답 : 하나님이 우리를 향해 오래 참으심으로 관용(용납)하셨기 때문입니다.

기도
하나님 아버지, 여러 가지 시험을 만날 때에 온전히 기쁘게 여기고 인내할 수 있는 믿음과 용기를 주옵소서. 예수님의 이름으로 기도합니다. 아멘

중보기도
(1) 유혹과 환난의 시험을 당하는 청년 세대들을 바른 길로 인도하소서.
(2) 가난과 질병과 전쟁의 위협 속에서 인내하는 지구촌 백성들을 돌보아 주옵소서.

▶ **만남의 준비**
출애굽기 14:10-14을 읽고 두려움을 극복하는 방법에 대해 생각해 봅시다.

06 가만히 서서 구원을 보라

성경 : 출애굽기 14:10-14(암기 요절 14절)
찬송 : 287(통 205), 497장(통 274)
주제 : 진정한 예배는 세상을 이기신 주님을 높이고 사랑하고
       증거하는 삶이다.

고달픈 인생, 험한 세상을 살다 보면 힘들고 고통스런 일들을 만나게 됩니다. 그러나 중요한 것은 영원한 실패도, 영원한 성공도 없다는 것입니다. 다시 말하면 한번 성공했다고 해서 그것이 영원하단 법도 없고, 한번 실패했다고 해서 그것이 영원히 실패로 남는 것은 아니라는 것입니다.

1. 두려워 말고 가만히 서 있으라

대부분의 사람들은 두렵고 겁나면 안정감을 잃고 서성거리거나 당황해 합니다. "두려워하지 말고 가만히 서서(13)"라는 말씀의 뜻은 겁내거나 당황하지 말고 하던 일을 흔연스럽게 하라는 것입니다. 내가 나서고 설치면 하나님은 잠잠하시고, 내가 덤비고 좌지우지하면 하나님은 침묵하신다는 것을 기억해야 합니다.

이사야 43:5을 보면 "두려워하지 말라 내가 너와 함께 하리라"고 했고, 요한복음 14:1에서 주님은 "너희는 마음에 근심하지 말라 하나님을 믿으니 또 나를 믿으라"고 말씀하셨습니다. 베드로전서 5:7

에서 사도 베드로는 "너희 염려를 다 주께 맡기라"고 했습니다.

하나님이 일하실 때 나는 가만히 서서 바라보면 됩니다. 막을 필요도 없고, 반대할 필요도 없습니다. 하나님이 하겠다고 말씀하시는데 내가 막아서고 반대하면 나는 하나님과 원수가 되고 맙니다.

2. 구원을 보라

"오늘 너희를 위하여 행하시는 구원을 보라"(13)

영혼도 구원받고, 육체도 구원받고, 환경도 구원받는 것을 전인구원이라고 합니다. 사람 몸의 신경조직은 크게 두 가지로 되어 있다고 합니다. 내 마음대로 팔다리를 움직이는 체신경이 있고, 내 맘대로 움직일 수 없는 자율 신경이 있습니다. 체온, 맥박, 심장박동, 소화기 운동, 혈압, 뇌파 등은 내 마음대로 조정되는 것이 아닙니다.

내 몸도 내 맘대로 못하는데 다른 것을 내 맘대로 할 수 있겠습니까? 인간이 무슨 능력으로 영혼도 구원하고, 육체도 구원하고, 거기다 환경까지 구원할 수 있겠습니까?

앞에는 홍해, 뒤에는 바로의 기병대, 절박한 위기 앞에서 모세가 본 것은 "하나님의 구원"이었습니다. 여러분! 하나님이 행하시는 구원을 바라봅시다.

3. 여호와께서 너희를 위하여 싸우시리라

왜 가만히 있어야 하는가, 그 이유를 밝히고 있습니다.

나는 창도, 활도, 칼도 없지만 하나님이 싸우시기 때문입니다. 하나님이 나의 힘이시며, 구원이시며, 반석이시며, 요새이시기 때문입니다. 하나님이 하시는 일은 그 누구도, 무엇으로도 막을 수 없습니다.

옛날의 전쟁은 육체로 하는 전쟁이었기 때문에 투구를 쓰고, 방패를 들고, 성을 쌓아올려 적의 침략을 막아 낼 수 있었습니다. 그리고 성밖 주변은 큰 강을 파서 물이 흐르게 해 적의 침입을 막았습니다. 그러나 이젠 그런 것으론 안됩니다. 전투기로 하늘에서 쏘아대고 터트립니다. 미사일을 발사하고 핵폭탄을 떨어뜨립니다. 50미터 지하 벙커도 뚫고 들어가는 폭탄이 개발되었습니다. 그러나 그 어떤 것도 하나님의 힘에 견줄 수는 없습니다.

도살장으로 끌려가는 어린양처럼 나약하고, 십자가에 매달려 죽었다고 해서 힘없는 예수로 보았다간 큰일 납니다. 요한복음 16:33에서 주님은 "세상에서는 너희가 환난을 당하나 담대하라 내가 세상을 이기었노라"고 말씀하셨습니다.

승리하신 하나님, 싸워 이기시는 주님, 세상을 이기신 주님을 높이고 사랑하고 증거합시다.

날마다 영원히 주를 높이고 찬양합시다.

"왕이신 나의 하나님 내가 주를 높이고 영원히 주의 이름을 송축 하리이다" 아멘.

▶학습문제

(1) 이스라엘 자손이 심히 두려웠던 이유는 무엇입니까?(출 14:10-12)
　　답 : 하나님이 행하신 기적은 잊어버리고, 애굽의 군대를 두려워했기 때문입니다.
(2) 세상에서 환난을 당할 때에도 담대할 수 있는 이유는 무엇입니까?(출 14:13-14, 요 16:33)
　　답 : 세상을 이기신 예수 그리스도께서 우리와 함께하시기 때문입니다.

🌱 기도

왕이신 나의 하나님, 오직 세상을 이기신 주님만을 예배하며 승리를 증거하는 삶을 살게 하옵소서. 예수님의 이름으로 기도합니다. 아멘

🌱 중보기도

(1) 급변하는 세상 속에서 방황하는 세대들이 왕이신 하나님을 알게 하옵소서.
(2) 고령 사회에 처한 한국교회에 고령 세대가 기쁨으로 본향을 향하게 하옵소서.

> ▶ **만남의 준비**
>
> 에스라 9:1-6을 읽고 진정한 예배를 방해하는 죄에 대해서 생각해 봅시다.

07 무릎 꿇고 두손 들고

성경 : 에스라 9:1-6(암기 요절 6절)
찬송 : 280(통 338), 363장(통 479)
주제 : 주님을 향해 무릎을 꿇고, 손을 들고, 소리내어 기도할
       때 우리가 살고, 교회가 살고, 민족이 살아난다.

바벨론 포로 생활에서 돌아온 유다 민족이 「에스라」의 주도로 신앙을 개혁하고 부흥운동을 일으켰다는 기사가 에스라 7장에서 10장까지 기록되어 있습니다. 그 가운데 본문은 백성들의 허물과 죄, 그리고 죄를 회개하며 드린 에스라의 중보기도로 구성되어 있습니다.

1. 유다 민족의 죄

1) 떠날 것을 떠나지 않은 죄

유다 민족은 지도자와 백성 가릴 것 없이 그 땅 백성과 섞여 죄를 짓고 그들의 악을 따라 가증한 일을 행하였습니다(1).

그 당시 가나안 땅에 살고 있던 부족과 섞이면 안 되는 이유가 있었습니다. 그것은 그들이 다신교, 범신론자들이었기 때문입니다(출 20:1-6). 유대인은 유일신 하나님을 섬겼고, 그들은 우상을 숭배했습니다.

그 당시 사람들이 섬겼던 우상은 바알, 바알브릿, 바알브올, 바알세불, 아세라, 아스다롯, 몰렉, 그모스, 다곤 등 수십 가지 였습니다.

떠날 것은 떠나야 합니다. 더 이상 섞여선 안 될 사람과 섞이면 안 됩니다.

2) 잘못된 결혼(2)

유다 민족의 결혼 문화가 타락했습니다. 1절 끝을 보면 그런 일들은 "가증한 일"이라고 했습니다. 가증한 일을 「토예바」라고 합니다. 그 뜻은 '구역질나는 일'이란 뜻입니다(출 34:16, 신 7:3).

창세기 6장을 보면 노아시대 홍수 심판이 있었던 기사가 기록되어 있습니다. 불신 결혼, 외적 조건, 외적 미모만을 보고 결혼했던 그 죄가 결국 홍수심판의 원인이 된 것입니다(2).

본문 2절 끝을 보면 잘못된 결혼, 뒤섞인 혼합 결혼을 「죄」라고 했습니다. 북 왕국 이스라엘 왕 아합은 바알 우상을 섬기는 이세벨과 결혼하면서 아내의 사주를 받아 우상숭배 죄를 범했고, 그 죄를 책망하는 엘리야 선지자를 죽이려 했습니다. 결국은 잘못된 결혼 때문에 아합 왕가가 파멸하고 맙니다(왕상 17-18장).

결혼은 하나님을 두려워하고 섬기는 사람과 해야 합니다. 예수 믿고 거듭난 사람과 해야 합니다. 만일 그렇지 못하다면 빨리 함께 사는 남편이나 아내를 구원해야 합니다. 잘못된 결혼이라면 빨리 좋은 결혼이 되도록 상대를 감화시키고, 변화시키고, 예수 믿게 해야 합니다.

3) 잘못된 최고주의

2절 끝을 보면 "이 죄에 더욱 으뜸이 되었다"고 했습니다. 죄짓는데 으뜸, 나쁜 짓 하는데 으뜸이 되어선 안 됩니다. 좋은 일하고, 예수 잘 믿고, 교회 봉사 잘하고, 칭찬 받는데 으뜸이 되어야 합니다.

창세기 11장을 보면 그 당시 시날 평원에 사람들이 모여 하늘에 닿는 탑을 쌓자는데 의기투합했습니다. 그들이 성과 대를 쌓아 하늘에 닿게 하고 이름을 내자는 것은 세계에서 제일 높은 건물을 짓고, 이름을 떨치자는 것입니다. 이것은 공명심, 명예심을 채우고 일등주의, 최고주의가 되자는 것입니다.

일등이 되고, 최고가 되고, 이름을 날리는 것이 나쁜 것은 아닙니다. 그러나 그런 것들 때문에 신앙도 저버리고, 교회도 저버리고, 하나님도 버린다면 그 탑은 바벨탑처럼 무너져 버리고 마는 것입니다(창 11:8).

2. 에스라의 중보기도

에스라 자신은 죄가 없는 사람입니다만 백성의 죄를 하나님께 고하고 자신이 회개하며 기도를 드렸습니다(3-5).

옷을 찢는 것은 회개의 표시입니다. 기가 막혔다는 것은 괴롭고, 허탈하고, 할 말을 잊은 채 꼼짝하지 않는 것을 말합니다. 무릎을 꿇는 것은 자기를 꺾고 항복하는 것이고, 손을 든다는 것은 겸손히 기도할 때 취하는 행동입니다.

오늘 이 시간 예수님을 향하여 무릎을 꿇고, 손을 들고, 소리 내어 기도합시다. 그 길만이 우리가 살고, 교회가 살고, 민족이 사는 길이기 때문입니다.

▶학습문제

(1) 오늘 우리의 삶에 우상숭배 또는 잘못된 예배가 되고 있는 것은 무엇입니까?(출 20:1-6)
　　답 : 하나님보다 다른 것을 더 의지하고 믿는 것은 우상숭배이며 불신 죄이고, 잘못된 예배입니다.
(2) 나라와 민족을 위한 중보기도가 필요한 이유는 무엇입니까?(스

10:1)

답 : 하나님 앞에 죄를 자복할 기회를 얻기 위해 두손 들고 무릎 꿇는 기도가 필요합니다.

기도

거룩하신 하나님, 하나님보다 다른 것을 더 의지하는 연약한 믿음을 불쌍히 여기셔서 온전한 예배자로 나아가게 하옵소서. 예수님의 이름으로 기도합니다. 아멘

중보기도

(1) 부르심을 받은 모든 성도들이 하나님 앞에서 정직하고 정결한 백성되게 하옵소서.
(2) 이 나라와 민족이 우상숭배에서 벗어나 진정한 예배자로 나아오게 하옵소서.

▶ **만남의 준비**

열왕기상 8:41-45을 읽고 교회 중심적인 신앙생활의 필요성에 대해 생각해 봅시다.

08 성전을 향하여

성경 : 열왕기상 8:41-45(암기 요절 45절)
찬송 : 36(통 36), 212장(통 347)
주제 : 성전은 하나님이 머무시는, 그의 영광이 가득한 곳이다. 하나님 중심으로 사는 사람은 그 성전에서 기도하고 예배한다.

이스라엘 사람들은 눈을 들어 하나님을 바라보아야 하는 민족이었습니다. 그리고 땅에서는 성전을 바라보는 민족이었습니다. 그들은 성전을 바라보기 위해 예루살렘 중심 시온산에 성전을 세웠습니다. 지형상 예루살렘 도시는 높은 곳이어서 동서남북에서 올라가야 했습니다.

1. 왜 성전을 바라보았습니까?

성전이야말로 하나님의 영광이 가득한 집이며, 하나님이 거하시는 처소이며, 하나님이 이름을 두시는 곳이라는 것입니다(왕상 8:11, 13, 16, 18, 20).

이스라엘 사람들에게 있어서 성전은 자기가 사는 집보다 더 소중합니다. 그래서 그들은 기도를 해도 성전에 올라가 했고, 성전에 올라갈 형편이 못되면 성전을 바라보고 성전을 향하여 기도를 드리곤 했습니다(단 6:10).

성전은 하나님이 머무시는 곳, 하나님의 영광이 가득한 곳, 하나님이 그 이름을 두시는 곳, 다시 말하면 하나님의 집입니다. 주님도 "내 아버지의 집"이라고 말씀하셨습니다.

2. 성전을 향하여 기도했습니다

손을 펴고, 손을 들고, 성전을 향하여, 부르짖고 기도했습니다(왕상 8:22, 29, 42, 44, 48). 왜 성전을 향하여 기도했습니까?

시편 3:4을 보면 "내가 나의 목소리로 여호와께 부르짖으니 그 성산에서 응답하시는도다"라고 했습니다. 성산은 성전이 있는 곳입니다. 하나님이 성산에서 응답하신다는 것은 곧 성전에서 응답하신다는 것입니다(왕상 8:29, 33-34, 42-43, 44-45, 48-40).

다윗이나 솔로몬의 신앙은 성전에서 기도하고, 성전을 향하여 기도하면 하나님이 들으신다는 것이었습니다. 이유는 위에서 말씀드린 대로 성전은 하나님이 머무시는 곳, 그 이름을 두시는 곳이기 때문입니다. 그만큼 성전은 중요합니다.

성전 중심으로 사는 사람, 하나님 중심으로 사는 사람이 성도입니다. 그들은 하나님이 성전에 계심을 믿기 때문에 성전을 향하여 기도하고 성전에서 예배 드리는 것입니다.

3. 무엇을 구했습니까?

천재지변도, 재앙도, 전쟁도, 고통도, 질병도 기도하면 들으시고 해결해 주신다는 것이 솔로몬의 신앙이었습니다(왕상 8:34, 35-36, 37-39, 44-49).

더 중요한 것은 43절의 "주께 부르짖는 대로 이루사"라는 말씀과 52절의 "주께 부르짖는 대로 들으시옵소서"라는 말씀입니다. 천재

지변이나 재앙이나 실패나 고통은 어느 시대 누구에게나 있습니다. 그러니 그런 것들은 어떻게 대처하느냐에 따라 결과가 달라집니다.

스트라디바리와 그 일가가 만들었던 악기들이 세계적 명품인 것처럼 우리는 하나님이 만드신 명품들입니다. 스트라디바리우스 악기가 사람들의 심금을 울리는 것처럼 우리는 사람들의 영혼을 움직일 수 있어야 합니다.

어떻게 그것이 가능합니까? 그것은 내가 하나님의 소유가 되는 것입니다.

본문 54절로 결론을 삼겠습니다. "솔로몬이 무릎을 꿇고 손을 펴서 하늘을 향하여 이 기도와 간구로 여호와께 아뢰기를 마치고 여호와의 제단 앞에서 일어나"라고 했습니다.

솔로몬은 왕입니다. 백성들이 왕을 향해 무릎을 꿇고 손을 들고 왕을 높이는 것이 당시 관습이었습니다. 그러나 솔로몬은 하나님을 향해 무릎을 꿇고 손을 들고 경배하고 찬양하고 기도를 드렸습니다. 바로 이런 점들이 솔로몬의 성공 비결이었고 복 받는 비결이었습니다.

우리도 예외가 아닙니다. 왕이신 하나님을 향해 무릎을 꿇고 겸손하게 손들고 찬양하고 기도해야 합니다. 교만을 버리고, 편견을 버리고, 아집을 버리고, 하나님을 향해 기도합시다. 하나님을 높이고 기도합시다. 나의 왕 되신 하나님을 경배합시다.

▶학습문제

(1) 성전을 향하여 비는 기도가 중요한 이유는 무엇입니까?(왕상 8:44-45, 시 3:4)

　답 : 성전을 향하여 기도할 때에 하늘에서 그 기도를 들으시기 때문입니다.

(2) 인생의 성공 비결은 무엇입니까?(왕상 8:54)
답 : 하나님을 향해 무릎을 꿇고 겸손하게 예배하고 기도하는 것입니다.

❖ 기도
하나님 아버지, 주님을 향하여 손을 들고 기도할 때마다 주는 하늘에서 들으시고 긍휼을 베풀어 주옵소서. 예수님의 이름으로 기도합니다. 아멘

❖ 중보기도
(1) 심적인 고통을 안고 사는 이웃들이 십자가를 바라보며 기도할 때에 주는 하늘에서 들으시옵소서.
(2) 피로증후군에 시달리는 일터의 일꾼들이 기도할 때에 주는 하늘에서 들으시옵소서.

> ▶ **만남의 준비**
> 마가복음 11:20-25을 읽고 기도 응답의 조건이 무엇인지 생각해 봅시다.

09 믿으면 그대로 됩니다

성경 : 마가복음 11:20-25(암기 요절 24절)
찬송 : 279(통 337), 357장(통 397)
주제 : 기도 응답의 구비 조건은 믿고, 의심하지 않고, 용서하는 것이다.

본문은 우리에게 세 가지 교훈을 주고 있습니다. 그것은 "믿으라"(22), "의심하지 말라"(23), "용서하라"(25)입니다. 위의 세 구절은 우리가 하나님께 기도드리고 응답을 받는 구비 조건입니다.

1. 믿으라

22절을 보면 "하나님을 믿으라"고 했고 23절을 보면 "그 말하는 것이 이룰 줄 믿고"라고, 했고 24절을 보면 "기도하고 구하는 것은 받은 줄로 믿으라 그리하면 너희에게 그대로 되리라"고 했습니다.

세 구절을 합하면 누구를 믿을 것인가, 어떻게 믿을 것인가, 믿고 구하면 어떻게 되는가를 교훈해 줍니다.

1) 하나님을 믿으라고 했습니다.

중요한 것은 하나님이 어떤 분이신가입니다. 그 대답은 성경 안에 있습니다. 창세기에서 요한계시록까지 하나님이 어떤 분이신가를 설명하고 있습니다. 천지를 말씀으로 창조하셨고, 능력으로 다스리시고, 사람을 창조하시고 그들을 죄에서 구원하셨습니다. 그리고 이 세상을 심판하신다는 것과 영원한 천국을 준비하신다는 것이 성경 전체의 흐름이며 가르침입니다. 그 하나님을 믿으라는 것입니다.

성경 전체를 살펴보면 '믿음', 혹은 '믿는다' 는 동사와 명사가 약 550회 정도 나옵니다. 성경이 그토록 강조하는 믿음이란 무엇입니까? 우리가 하나님을 믿는다는 것은 무엇을 의미합니까?

첫째, 하나님을 인정하는 것입니다.

둘째, 고백하는 것이 믿음입니다(롬 10:10).

셋째, 순종하는 것이 믿음입니다.

넷째, 믿음은 모든 것을 맡기는 것입니다.

2) 받은 줄로 믿으라고 했습니다(24).

믿음과 고백을 분명해야 합니다. "주님은 모든 것을 다 해결하실 수 있습니다. 나는 그렇게 믿습니다. 주여 내가 믿나이다"라는 믿음으로 기도해야 합니다(막 9:14-29, 요 14:13-14, 히 11:1-2).

2. 의심하지 말라

본문 23절 끝부분을 보면 "의심하지 아니하면 그대로 되리라"고 했습니다. 우리는 "그대로 되리라" 앞에 "의심하지 아니하면"이라는 단서 조항이 있음을 발견해야 합니다. 의심은 헬라어 '디아크리데' (διαχριθῆ)입니다. 그 뜻은 가닥을 잡지 못하고 우왕좌왕 하는 것을 의미합니다. 반대로 믿는다는 말은 흔들리지 않고 확신하는 것을 뜻합니다.

의심은 불행의 원인, 불신의 원인, 실패의 원인입니다. 부부도 믿고 살아야 행복하고 목회자와 교인도 믿고 살아야 행복합니다. 의심하면 의처증이 생기고 의심하면 가정이 불화해지고 의심하면 신앙이 흔들립니다.

3. 용서하라(25)

만일 어떤 사람에 대한 불평, 불만, 불화, 다툼, 미움 등 그런 것들을 가지고 있는 한 기도는 상달도 안되고 응답도 안됩니다. 용서는 기도 응답을 받고 내가 하나님의 용서를 받는데 반드시 제출해야 할 구비 서류와도 같습니다.

용서가 무엇입니까?

잊어버리는 것입니다. 그 사람의 허물, 잘못, 약점을 잊어버리고 기억하지 않는 것입니다. 하나님도 우리의 허물과 죄를 기억하지 않습니다. 우리의 죄를 등 뒤로 던지시고 기억도 아니 하시고 흰 눈보다 더 희게 하신다고 했습니다. 지난 일, 지난 과거 사건은 잊어버리는 것이 용서입니다.

용서가 무엇입니까?

주님의 십자가를 생각하는 것입니다. 조건도 없이, 이유도 없이, 나를 용서하시기 위해 달리신 그 십자가를 생각하면 못해 줄 용서가 없을 것입니다.

용서 해야 응답받고, 용서받아야 마음이 편합니다.

▶학습문제

(1) 하나님을 믿는 다는 것이 의미하는 바는 무엇입니까?(마 16:16, 롬 10:10)

　답 : 하나님을 인정하고, 그 사랑을 고백하고, 순종하며 모든 것을 맡기는 것입니다.

(2) 기도 응답의 구비 서류와도 같은 용서는 어떻게 가능합니까?

　답 : 우리의 허물과 죄를 기억하지 않으시는 주님의 무한 용서를 생각하면 조건과 이유 없이 용서할 수 있어야 합니다.

기도

하나님 아버지, 주님의 십자가를 생각하며 의심 없는 믿음과 용서를 실천하기 원합니다. 도와주옵소서. 예수님의 이름으로 기도합니다. 아멘

중보기도

(1) 다음 세대와 청년들이 주님의 사랑을 고백하며 믿음으로 나아오게 하옵소서.
(2) 갈등과 분열이 있는 곳에 예수 그리스도의 사랑과 용서로 화해와 평화가 있게 하옵소서.

▶ **만남의 준비**
마가복음 9장 14-29절을 읽고 능력 있는 믿음의 조건이 무엇인지 생각 해 봅시다.

예수께서 이르시되 할 수 있거든이 무슨 말이냐
믿는 자에게는 능히 하지 못할 일이 없느니라 하시니라
— 막 9:23 —

PART 2

박진석 목사 편

3월 영성훈련과 신앙성장의 달

10. 나의 믿음 없는 것을 도와주소서!
11. 오직 성령으로
12. 성도의 주적은 누구인가?
13. 믿는 것이 하나님의 일입니다

4월 십자가 사랑과 부활 승리의 달

14. 고난으로 배우는 일체의 비결
15. 시험의 고난을 받으신 샬롬의 왕
16. 회개의 복음
17. 부활의 첫 열매

10 나의 믿음 없는 것을 도와주소서

성경 : 마가복음 9:14-29(암기 요절 23절)
찬송 : 364장(통 482), 374장(통 423)
주제 : 나는 능력 있는 믿음을 소유한 신앙인인지를 되돌아 봅니다.

1. 문제투성이 세상의 해결책

정보 통신, 기술, 과학 분야의 혁신으로 세상은 빠른 속도로 발전하고 있습니다. 그리고 수많은 사람들이 세상의 문제를 해결해보려고 많은 노력과 지혜를 짜내고 있습니다. 사람의 지혜로도 부족하여 컴퓨터, 인공지능까지 동원하고 있습니다. 그런데 문제가 해결되고 세상이 좋아진다는 느낌보다는 인간 소외와 생명 경시, 쓰레기 및 오염의 증가, 일자리 문제, 출산률 저하, 환경 파괴 등 오히려 이전에 없던 새로운 문제들과 씨름해야 하는 상황이 계속되고 있습니다. 문제의 해결책이 새로운 문제를 만드는, 뫼비우스의 띠와 같은 문제의 굴레 속에서 헤어 나오지 못하는 것입니다. 이러한 인생의 한계는 이미 수천 년 전 지혜자 솔로몬이 통찰한 바 있습니다.

이미 있던 것이 후에 다시 있겠고 이미 한 일을 후에 다시 할지라 해아래에는 새 것이 없나니(전 1:9)

사람이 새로운 지혜를 짜내고 새로운 대안을 제시했다고 생각하지만 시공을 초월하시는 하나님의 관점에서는 새 것이 아닙니다. 시대가 변해도 인간의 본성은 변하지 않아서 모습은 다르지만 본질상 같은 일을 반복하고 있을 뿐입니다. 그 이유는 무엇일까요? 모든 문제의 근원은 결국 인간이 본성처럼 지니고 있는 죄성 때문입니다. 또한 인간을 죄인되게 만들고 그 죄성을 부채질하는 사탄 때문인 것입니다. 죄는 사람을 타락하고 부패하게 만듭니다. 죄는 반드시 문제를 일으킵니다. 죄의 삯, 결과는 사망이라고 성경이 밝히 증거하고 있습니다. 죄의 문제를 해결하지 못하면 아무리 발버둥 쳐도 또다시 죄로 인해 변질되고 부패하고 마는 것입니다. 그래서 예수님이 오셨습니다. 죄의 문제를 해결하시고 죄로부터 구원하시기 위해, 그리고 마지막 날에는 사탄의 세력들을 영원히 추방하고 격리하시기 위해 오시는 것입니다. 그제야 비로소 세상 만물이 새롭게 되고 모든 문제가 해결되며 천국이 임하게 되는 것입니다. 진짜 해결책은 창조주 하나님, 심판과 구원의 주관자요 공의와 사랑의 하나님께 있습니다. 땅의 문제는 하늘에서 풀려야 진정 풀리는 것입니다.

2. 귀신 들린 아이를 고치심(9:14-27)

　본문에는 예수님 일행이 산 위에서 영광을 체험한 후 산에서 내려와 겪은 일이 나옵니다. 산에서 내려와 보니 큰 무리가 제자들을 둘러싸고 있습니다. 제자들이 귀신 들린 아이를 못 고쳤기 때문입니다. 이에 예수님은 믿는 자에게는 못할 일이 없다고 하시며 귀신을 꾸짖어 나가게 하십니다. 자신들은 왜 못했는지 제자들이 묻자, 예수님은 기도 외에는 방법이 없다고 하십니다.
　예수님이 영광의 체험을 하시는 동안, 남아 있던 제자들은 믿음의 실패를 경험했습니다. 한 아버지가 데려온 귀신 들린 아이를 고치려고 했지만 그러지 못한 것입니다. 예수님이 제자들의 무능은 믿음이 없기 때문이라고 책망하시며 아이를 데려오라고 하십니다. 아이의 아버지는 '무엇을 하실 수 있거든' 불쌍히 여겨 도와 달라고 간청합니다. 이미 제자들의 실패를 보았기에 예수님께도 별 기대 없이, 믿음 없이 나아온 듯합니다. 그러나 이내 "할 수 있거든이 무슨 말이냐 믿는 자에게는 능히 하지 못할 일이 없느니라"(23절)라고 하신 예수님 말씀에 믿음 없는 것까지 도와 달라고 간구합니다. '할 수 있거든'의 믿음은 무의미합니다. 예수님 앞에서는 할 수 있는 일과 없는 일이 나뉘지 않습니다. 이것은 모든 믿는 자에게도 마찬가지입니다.

3. 믿음의 기도 외에는(9:28-29)

제자들은 자신들에게 믿음이 없어서 귀신을 쫓아내지 못했다는 것을 이해하지 못합니다. 자신의 믿음이 부족함을 인정하는 것은 쉽지 않은 일입니다. 더욱이 제자들은 예수님과 늘 함께하던 사람들 아닙니까? 그래서 제자들은 '믿음 없는 세대'라는 책망을 받았으면서도, 자신들이 아이를 고칠 수 없었던 이유를 다시 묻습니다. 예수님의 방법은 '오직 기도'였습니다. 기도는 믿음의 징표입니다. 기도는 하나님의 주권을 인정하는 행위이기 때문입니다. 기도한다는 것은 자신이 아니라 하나님을 의지하는 것이며, 자기 뜻을 버리고 하나님 뜻에 귀 기울이는 것입니다. 그래서 믿음으로 드리는 기도에 하나님의 능력이 나타나는 것입니다.

▶ 학습문제

(1) 아이 아버지가 '하실 수 있거든'이라고 단서를 붙인 이유는 무엇일까요?
(2) 어정쩡한 믿음으로 기도하고 있지는 않나요? 믿음의 기도란 무엇일까요?
(3) 제자들이 귀신을 쫓아낼 수 없었던 이유는 무엇인가요?
(4) 오직 기도의 능력을 믿고 주님 앞에 내놓아야 할 문제는 무엇인가요?

❋ 기도

기도하면서도 주님의 능력을 신뢰하지 못했던 저의 습관적인 기도와 믿음 없는 간구를 용서하소서. 주님을 온전히 신뢰하고 의지하는 기도의 능력으로는 능치 못할 일이 없다고 하신 말씀을 기억하며, 믿음 위에 굳게 서게 하소서.

❋ 중보기도

(1) 지금 나의 마음 속에 주님을 만나길 원하는 간절함이 있게 하소서
(2) 나의 믿음 없음을 용서하시고 강하고 능력 있는 믿음을 허락하소서

▶ 만남의 준비

에베소서 5:15-20 말씀을 읽고, 능력 있는 믿음이란 관점으로 묵상해 봅시다.

11 오직 성령으로

성경 : 에베소서 5:15-20(암기 요절 18절)
찬송 : 434(통 491), 488장(통 539)
주제 : 성령 충만함은 감사와 찬송으로 하나님의 뜻을 이루기 위하여 살아가는 삶입니다.

　　인간 본연의 정신은 하나님의 영과 연합되어 다스림을 받을 그때에 가장 지혜롭게 살아갈 수 있습니다. 그러나 타락한 천사들이 하나님의 자녀들을 멸망시켜 자신이 하나님이 되려 하는 것이 문제입니다. 성경에는 이 세상 악한 귀신들에게 도적질 당하고 멸망의 길로 가지 않으려면 지혜 있는 자 곧 성령 충만함을 간절히 구하여 하나님의 때에 성령 충만함을 덧입어야 한다고 말씀하고 있습니다. 성령 충만함에 거하게 된다면 자연스레 감사와 찬송의 삶을 살아가게 될 것입니다. 그 이유는 하나님께서 우리를 하나님 영광의 찬송이 되도록 창조하시고 인도하셨기 때문입니다. "술 취하지 말라 이는 방탕한 것이니 오직 성령으로 충만함을 받으라"(엡 5:18)

1. 호랑이 굴에 들어가도 정신만 차리면 산다

　　타락하기 전의 인간 본연의 정신은 하나님의 영과 연합되어 다스림을 받을 때 제 정신으로 지혜롭게 살아갈 수 있게 됩니다. 그런데 문제는 타락한 천사들 악한 영적인 존재들이 하나님의 자녀 된 인생들을 몽땅 다 멸망시켜 자신이 하나님이 되려는 것입니다. 이 땅의 피조물들이 고통받는 이유는 하나님의 마음을 따라 왕 노릇하도록 창조된 인간들이 제정신이 아닌 채, 이 세상 악한 귀신들에게 도적질 당하고 죽임 당해 심판의 길, 멸망 길로 가기 때문입니다.

2. 지혜 있는 자 같이 살라!

15-17절에 어리석은 자가 되지 말고 지혜 있는 자 같이 살아야 한다고 합니다. 그렇다면 지혜 있게 살아가기 위해서 어떻게 해야 한다는 것일까요? 첫째, 어떻게 행할지를 자세히 주의하여 살펴보라고 합니다. 연구하고 검토하여 사는 것이 지혜를 발휘하는 삶의 방식입니다. 둘째, 때가 악하기에 세월을 아끼라고 합니다. 셋째 지혜롭게 살기 위해 하나님의 뜻이 무엇인지 이해해야 한다고 합니다. 하나님의 소원은 모든 사람이 구원받는 것이요 영광의 찬송이 되는 것입니다. 이 세상의 모든 때를 하나님의 뜻을 이루기 위하여 살아가는 삶이야말로 최고의 사후 대책, 영생 대책인 것입니다.

3. 오직 성령으로 충만함을 받으라!

주의 뜻을 이해하고 세월을 아껴서 지혜롭게 살기 위해서는 지혜와 계시의 성령으로 충만해야 한다고 명령합니다. "술취하지 말라 이는 방탕한 것이니 오직 성령으로 충만함을 받으라"(엡 5:18) 왜 성령의 충만을 명하면서 술취하지 말라고 했을까요? 당시 에베소의 신전에서는 제사가 드려졌는데 대부분 술에 취해서 완전히 정신을 잃을 정도의 상태가 되어야 자신이 믿는 신과 하나가 될 수 있다고 생각했습니다.

그러다보니 종교적 열심과 술취한 모습이 연결되는 부분들이었던 것 같습니다. 술 취함이나 성령 충만의 중요한 공통점은 지배를 받는다는 것인데, 술이 충만하면 술의 지배를 받고, 성령 충만한 삶을 살게 되면 성령의 지배를 받게 된다는 것입니다.

그렇다면 우리는 어떻게 성령의 충만을 받을 수 있을까요? 성도가 악한 시대 속에서 하나님의 선한 뜻을 이룰 수 있는 능력 있는 삶은 오직 성령인 것입니다. 성령 충만함을 구한다고 금방 경험하지 못할 때도 있지만 낙심하지 말고 전심전력, 오직의 심정으로 사모한다면 반드시 하나님의 때에 성령 충만함을 덧입게 될 것입니다.

4. 감사와 찬송, 삶의 열매

누구든지 성령의 충만함을 지속하는 삶을 살게 되면 자연스럽게 감사와 찬송의 삶을 살아가게 됩니다. 이유는 하나님은 마침내 우리를 하나님 영광의 찬송이 되도록 창조하시고 인도하시기 때문입니다. 구원의 결론, 신앙의 결론은 찬송입니다. 찬송은 쉽게 말한다면 감사한 마음이 충만하여 노래가 되어 터져 나오는 감사의 멜로디입니다.

하루 하루를 감사의 생각으로 살아간다면 우리의 내일 그리고 장차 저 나라에서 맞이하게 될 미래에서 우리는 영원토록 가슴 벅찬 감사의 찬송을 드리며 살아가게 될 것입니다.

▶학습문제

(1) 이 세상 악한 귀신들에게 도적질당하고 죽임당해 심판의 길, 멸망 길로 걷고 있는건 아닌지 돌아봅시다.
(2) 하나님의 뜻을 이루기 위해 살아가고 있는 지 돌아봅시다.

(3) 성령 충만한 삶, 성령의 지배를 받고 있는 성도의 삶인지 자신을 돌아봅시다.

기도

사랑의 하나님! 하나님의 영과 연합하여 하나님의 다스림을 받을 때 가장 지혜롭게 살아갈 수 있음을 깨닫게 됩니다. 날마다 성령 충만함을 구할 수 있게 하시고 금세 충만한 능력을 받지 못하더라도 낙심하지 않고 회복시켜 주실 주님께 감사하며 찬송하는 삶을 살게 하옵소서. 어제의 감사가 오늘의 삶이 되게 하시고 받은 복을 세어 보며 장차 저 나라에서 맞이하게 될 미래에 대한 감사의 삶이 되게 하옵소서. 예수님의 이름으로 기도합니다. 아멘.

중보기도

(1) 성령의 삶을 살지 못하는 지체들을 긍휼히 여기시고 돌봐 주옵소서.
(2) 오늘 하루의 삶을 감사하며 장차 저 본향을 향하여 날마다 기뻐하며 찬양하는 하나님의 자녀들이 되게 하옵소서.

▶ **만남의 준비**
에베소서 6:10-12을 읽고 성도의 주적은 무엇인지 묵상해봅시다.

12 성도의 주적은 누구인가?

성경 : 에베소서 6:10-12(암기 요절 11절)
찬송 : 360(통 402), 545장(통 344)
주제 : 성도의 주적은 바로 죄로 가득한 나 자신이며 하나님의 군대로 부름 받은 우리는 전신갑주를 입고 공중권세 잡은 악한 마귀의 간계와 싸워 이겨야 합니다.

1) 성도의 주적이 무엇인지 알아야 합니다

지나온 역사 속에서 또한 이 세상을 살아가며 우리는 수 없이 많은 죄악들을 마주하게 됩니다. 제 2차 세계대전 당시 롬멜 장군이 이끄는 최강의 독일 전차 군단을 격파한 연합군의 몽고메리 장군이 있습니다. 이 몽고메리 장군이 전쟁의 역사를 깊이 연구하며 "전쟁의 진정한 적이란 … 다름 아닌 인간 내면의 야수이다."라고 이야기했습니다. 이를 "인간이 문제다"라는 결론으로 끝내면 안됩니다. 성경에서는 인간을 끊임없이 유혹하고 죄짓게 만드는 원수 사탄의 존재와 근원을 분명히 밝히고 있습니다. 하나님과 동행하는 고귀한 존재로 창조된 인간은 뱀의 유혹에 빠져 영생과 에덴을 잃고 죄에 종노릇하는 존재로 전락하고 말았습니다. 사탄은 인간의 약점을 잘 알고 쉽게 공략해왔습니다. 사탄이야말로 인간의 모든 것을 빼앗고, 죽이고, 멸망시키려는 영원한 원수인 것입니다. 인간이 경험하는 국가적 문제, 경제적 문제 또는 개인의 성격 문제, 환경의 문제, 외부의 문제들

속에는 인간 내면에 자리잡고 있는 죄성을 자극하고 발현시키는 원수 사탄이 작용하고 있다는 것을 반드시 알아야 합니다. 우리는 성경에서 배웠음에도 실생활에 적용하지 못할 때가 많습니다. 어떤 문제를 직면할 때 현상적인 차원에서 사람이나 환경과 싸우다 지쳐버리고 맙니다. 지피지기면 백전백승이라는 격언처럼 성도는 주적을 분명히 알고 영적 전쟁에 임해야 합니다. 인간 내면의 야수를 조종하는 사탄의 존재를 정확하게 타격하여 승리할 수 있기를 축원합니다.

2) 우리를 위하여 예수님이 오셨습니다

이미 사탄에게 굴복한 전력이 있는 우리들이 어떻게 승리할 수 있을까요? 우리로는 불가능하지만 하나님으로서는 하실 수 있습니다. 하나님은 자신의 아들 예수 그리스도를 이 땅에 보내셔서 구원의 전쟁, 회복의 전쟁을 시작하셨습니다. 예수님은 "내가 세상에 화평을 주러 온 줄로 생각하지 말라 화평이 아니요 검을 주러 왔노라"(마 10:34)고 말씀하셨는데, 이 검은 바로 성령의 검, 진리의 말씀입니다. 예수님은 진리의 말씀 성령의 검으로 뱀의 세력들을 진멸하는 영적인 전쟁, 구원의 전쟁, 하나님의 전쟁의 총사령관이 되십니다. 바울은 전투하는 교회의 모델을 제시하며 성도들이 사탄과의 전쟁으로부터 싸워 이기도록 권면하고 있습니다. 전투하는 교회에 속한 그리스도의 군사들은 반드시 강해야 합니다. 예수를 믿는다는 것은 그리스도의 군대, 하나님의 군대에 입대했다는 것을 의미하며 군인이라면 응당 강인함, 용기, 상명하복의 정신을 갖춰야 합니다. 바울 사도는 거기에 더하여 전신갑주를 입으라고 말합니다.

마귀의 간계를 능히 대적하기 위하여 하나님의 전신갑주를 입으라(엡 6:11)

마귀의 별명은 거짓의 아비입니다. 주된 공격 방법이 거짓말, 속임수라는 것입니다. 선포된 진리의 말씀을 어떻게든 왜곡시켜 우리를 하나님으로부터 돌아서게 만들려 합니다. 그러므로 마귀를 대적하기 위해서 영, 혼, 육이 하나님의 전신갑주로 빈틈없이 무장하여 거짓에 넘어가지 않고 거짓을 파훼해야 합니다.

3) 내면의 야수를 제거합시다

성도의 영적 전쟁은 다른 사람이나 대상을 공격하고 바꾸려는 외적이고 소란한 활동이라기보다는 조용한 가운데 내면의 야수를 죽이고 순종으로 나아가는 총성 없는 전쟁이라고 볼 수 있습니다. 그러나 사람은 생각처럼 쉽게 바뀌지 않습니다. 이미 에덴에서 쫓겨나 사탄의 권세 아래에 있게 된 인생들은 사탄이 뿌려놓은 거짓과 그 가라지들에 완전히 속아 하나님의 진리의 말씀에 온전히 순종하거나 받아들이지 못하게 되었습니다. 그래서 야곱과 같이(창 32장) 죽기 살기로 하나님께 매달리고 피를 흘리며 말씀에 순종하기 위한 씨름을 감당해야 하는 것입니다. 죽음을 무릅쓴 순종으로 나아갈 때 그 죄성의 관절이 꺾이면서 하나님의 축복에 이르게 되는 것입니다. 사랑하는 성도 여러분, 문제와 씨름하기 전에 먼저 내면의 불순종과 의심과 씨름하시기 바랍니다. 하나님의 말씀과 다른 나의 가치관과 기준을 끈질긴 씨름을 통해 내려놓으시기 바랍니다. 이를 위하여 예수님의 도움, 성령님의 도움을 구합시다. 성도들의 승리를 돕기 위해 예수님이, 성령님이 오신 것입니다. 성령님의 조망하심과 도우심으로 자신이 속고 있던 가치관, 생각을 내려놓고 하나님의 뜻에 순종하게 될 때 하나님의 축복이 임하고 승리를 취하며 하나님의 영광에 참예하게 될 것입니다.

▶학습문제
(1) 나와 하나님을 멀어지게 하는 반복되는 죄는 무엇인지 돌아봅시다.
(2) 예수님이 이 땅에 오신 이유는 무엇이고 우리가 그로 인해 얻은 것이 무엇인지 돌아봅시다.
(3) 마귀를 대적하기 위해 무엇을 준비해야 하는지 돌아봅시다.

🌸 기도
하나님, 죄로 인해 죽을 수밖에 없는 우리를 예수그리스도의 십자가의 보혈로 말미암아 구원하시고 그를 믿고 구주로 시인하는 자마다 영생을 얻게 하신 주님께 감사드립니다. 예수님이 우리에게 오셔서 말씀하셨던 진리의 검과 전신갑주를 입어 영적 전쟁에서 승리하길 원합니다. 예수님의 이름으로 기도드렸습니다. 아멘

🌸 중보기도
(1) 나와 우리 교회가 하나님의 영적 전쟁의 선두에 서서 하나님의 강력한 군사가 되고 세상의 악한 영을 대적하여 이길 수 있도록 하옵소서.
(2) 공동체의 지쳐 쓰러져 있는 연약한 자들을 돌아보며 우리 모두 전신갑주를 입어 승리하는 삶 되도록 하옵소서.
(3) 하나님의 말씀을 날마다 묵상하며 살아갈 수 있도록 하소서.

> ### ▶ 만남의 준비
> 요한복음 6:22-36을 읽고 하나님의 일에 대해 묵상해봅시다

13 믿는 것이 하나님의 일입니다

성경 : 요한복음 6:22-36(암기 요절 29절)
찬송 : 344, 357장(통 397)
주제 : 하나님이 메시야로 보내신 예수 그리스도를 믿는 믿음
       으로 살아갑시다.

　예수 그리스도를 믿음으로 일을 감당할 때 하나님께서 하나님 자신의 일을 감당할 수 있도록 약속대로 모든 필요한 것들을 넘치게 공급하여 주십니다. 또한 예수 그리스도를 온전히 믿는 믿음으로 하늘의 풍성한 공급을 받아 누리시길 바랍니다. 그렇다면 믿음이란 무엇이며 믿음 가진 사람들은 어떻게 해야 합니까?

1. 유배지로서의 세상 광야
　사도행전 7장에는 "광야 교회"라고 하는 표현이 나옵니다. 우리 신앙의 주 무대가 낙원이 아니라 삭막한 광야 같은 힘든 세상임을 암시합니다. 영원한 천국의 관점에서 바라보면 이 광야 같은 세상은 왕이신 하나님의 뜻을 저버린 죄인들의 유배지라고 할 수 있습니다. 다산 정약용은 유배지에 도착한 소감을 이런 글로 남겼습니다. "방에 들어가 창문을 닫고 밤낮으로 혼자 외롭게 살았다. 나에게 말을 걸어주는 사람 하나 없었기 때문이다. 그러나 나는 오히려 그런 상황이 고마웠다. 그래서 나는 '이제야 책을 읽을 여유를 얻었구나'

하면서 기뻐했다." 정약용은 포항 장기와 전남 강진에서 도합 18년의 유배 생활 동안 무려 500권이 넘는 책을 저술합니다. 일찍이 성경에 눈을 뜬 그가 광야 유배지에서 지도자들은 선한 목자 되신 하나님의 마음으로 백성들을 섬겨야 한다는 취지로 쓴 책이 바로 목민심서입니다. 이 광야에서도 하나님을 더 깊이 만날 수만 있다면 얼마든지 새로운 위대한 기회의 땅이 될 수도 있는 것입니다.

2. 하나님을 찾고 구하는 동기는 무엇인가요?

본문은 예수님이 보리떡 다섯 개와 물고기 두 마리로 오천 명 이상의 사람들을 먹이신 소위 오병이어 기적사건 의미를 설명해주는 내용입니다. 예수님이 광야의 배고픈 백성들에게 이런 기적을 베푸신 이유는 자신이 이 땅에 영원한 생명을 주는 떡으로 오셨다는 것을 알려주기 위함이었습니다. 그러나 아직까지도 마음을 하늘의 양식, 하나님 나라에 두지 못하고 오로지 이 세상과 육신의 문제에만 초점을 맞추어 신앙생활을 하고 있는 분들도 있을 것입니다. 이런 분들은 장담하건대 신앙의 연조가 제 아무리 길어도 실망하고 낙심하고 심지어 하나님에 대해 오해하고 분노할 수도 있을 것입니다. 혹시 본문의 무리들처럼 잘못된 이유로 예수님을 열심으로 찾고 구했다면 신앙생활의 목적을 하나님의 뜻대로 바꾸는 것이 천국의 참된 풍요를 이 땅에서 누리는 지름길입니다.

주님이 우리에게 주시는 신앙생활의 바른 방향에 대한 해답은 27절에 나옵니다. "썩을 양식을 위하여 일하지 말고 영생하도록 있는 양식을 위하여 하라" 하늘의 생명 양식되시는 예수님을 잘 먹고 잘 마심으로 영혼이 잘 되고 충만한 은혜 가운데 거하게 되면 범사가 잘 되고 육체적으로도 건강해지게 된다고 요한3서 2절에 하나님께서 약속하셨습니다. 그런데도 이 약속을 실제로 체험하는 분들이 많지 않습니다. 이 잘못된 마음과 생각을 바꾸는 것이 왜 그리도 힘들까요? 이 죄악된 세상의 가치관과 문화에 너무 오랫동안 뿌리 깊게 세뇌되어 있어서 그렇다고 할 수 있습니다.

3. 믿는 것이 일입니다

주님께서 썩을 양식을 위하여 일하지 말라고 권하니 무리들이 이렇게 묻습니다. "어떻게 하여야 하나님의 일을 하오리이까?"(28절) 이에 대한 주님의 대답이 무엇입니까? "예수께서 대답하여 이르시되 하나님께서 보내신 이를 믿는 것이 하나님의 일이니라 하시니"(29절) 우리가 이 세상을 살면서 감당하는 많은 일들이 하나님의 뜻과는 거리가 먼 단지 세상적인 일뿐일 경우가 많습니다. 그런데 우리가 하는 모든 일들을 하나님께서 생명 양식으로 보내신 구원자 예수 그리스도를 믿는 믿음을 따라 감당하기 시작하면 모든 이 세상의 일들조차 하나님의 일이 될 수 있습니다.

▶학습문제
1) 오직 성경을 따라 우리의 신념을 주님의 뜻대로 바르게 세워가고 있는지 늘 점검할 필요가 있음을 돌아봅시다.
2) 언제나 모든 일의 주인이 되시는 주님의 뜻을 살펴 그분을 믿는 믿음으로 행하고 있는가를 항상 정직하게 믿음을 점검하며 돌아봅시다.

기도
하나님 아버지, 광야 같은 인생길 살아가는 우리 성도들을 불쌍히 여겨주옵소서. 우리는 어리석고 연약하여 눈 앞의 세상에 급급하여 살아갈 때가 많이 있습니다. 주님을 믿고 동행하는 그곳이 바로 천국임을 기억하게 하시고 믿음의 능력을 발휘하여 승리할 수 있도록 인도하여 주시옵소서. 주님에 대한 믿음 없이는 살아도 사는 것이 아닌 허상의 존재일 뿐임을 우리 모두 깊이 깨달아 알 수 있도록 성령께서 눈을 열어 보게 하여 주옵소서. 감사드리며, 예수 그리스도 이름으로 기도합니다. 아멘.

❄ 중보기도

(1) 우리 인생의 연약함과 고난을 불쌍히 여겨주시옵소서
(2) 어떠한 역경 속에서도 주님을 바라볼 수 있도록 인도하여 주옵소서
(3) 믿음이 연약한 지체들에게 힘을 주시고 같이 일어설 수 있도록 좋은 이웃되게 하옵소서
(4) 광야를 통과한 경험을 나누며 사람을 살리는 사역 감당케 하옵소서

> ▶ **만남의 준비**
> 빌립보서 4:10-20을 읽고 고난으로 배우는 비결에 대해 묵상해봅시다.

14 고난으로 배우는 일체의 비결

성경 : 빌립보서 4:10-20(암기 요절 13절)
찬송 : 288(통 204), 360장(통 402)
주제 : 어떤 상황 속에서도 우리에게 요구하시는 믿음을 가지고 순종하며, 고난에 참여할 때 평화를 우리에게 주시고 이에 합당한 열매를 취하게 하십니다.

1. 결핍속에서 우리의 믿음을 훈련하시는 하나님

'언약을 기초로 한 불변의 사랑', 이 사랑을 헤세드 라고 말합니다. 작년 8월 기쁨의교회에서는 "헤세드 아시아 for 재팬"이라는 행사와 "팡팡 국제 찬양 축제" 행사를 준비하였고 세계적인 일본인 피아니스트 히데오 코보리를 초청하였습니다. 당시에는 일본의 화이트리스트 제외 사건으로 한일 감정이 극에 달했을 때였습니다. 히데오 코보리씨는 일본 지인들의 만류와 비행기 편이 태풍으로 인한 결항이 될 어려움을 뚫고 '죽으면 죽으리라' 는 마음으로 하나님께서 주신 감동대로 한국 땅에 오셨습니다. 히데오 코보리씨는 일본인이기 이전에 하나님 말씀에 순종하기를 힘쓰는 그리스도인이라는 생각이 들었습니다. 이어서 진행된 축제를 준비하는 과정에서 태풍으로 인한 날씨 문제가 있었습니다. 그러나 아무것도 염려하지 말고 평강을 지키며 기도하라는 말씀을 의지하며 성도들과 합심하여 기도했습니다. 축제 당일의 날씨는 어땠을까요? 포항 시민들에게 감사패를 받아야 할 만큼 하늘은 맑고 햇살은 따스했습니다. 기쁨의교회 성도들에게는 수많은 어려움과 한계 속에서도 실존하시는 하나님을 경험하고 배울 수 있는 귀한 시간이었다고 확신합니다. 믿음도 현실입니다. 하나님의 말씀은 지금도 살아 역사하시고 하나님은 말씀하신 것을 반드시 이루시는 신실하신 하나님이십니다.

2. 일체의 비결

바울이 기뻐함으로 편지를 쓴 장소는 다름 아닌 로마 감옥이었습니다. 기뻐할 수 있는 장소와 상황이 아니지 않습니까? 그러나 빌립보서 전체를 보면 바울은 기쁨이 충만할 뿐 아니라 장소와 상황을 초월한 승리자의 마음을 가지고 있습니다.

"내게는 모든 것이 있고 또 풍부한지라 …"(빌 4:18)

비록 몸은 감옥에 있을지 몰라도 그의 영혼은 하나님 사랑의 피난처 안에서 보호받고 있었기에 가능했던 것입니다. 그렇다면 바울이 이와 같이 장소와 상황을 초월한 승리자의 마음을 가질 수 있었던 이유가 무엇이었을까요?

(1) 가난함을 이겨 낼 줄도 알고, 부유함을 누릴 줄도 알아서, 어떤 형편에 처해도 감사하는 법을 배웠다고 말합니다.(12절)

(2) 이런 상황을 이겨낼 수 있었던 이유가 그리스도를 통하여 할 수 있었다고 말합니다.(13절)

(3) 자신을 도왔던 성도들에게 이렇게 고백합니다.(19절)

"나의 하나님이 여러분이 필요로 하는 모든 것을 풍족히 채워 주실 것입니다."

하나님이 존재하지 않는 장소란 없고, 하나님의 능력이 뻗치지 않는 장소도 없습니다. 우리에게 여러 가지 한계들이 있습니다 "현실적으로", "내가 생각하기에", "이치에 맞지 않는" 가나의 혼인 잔치가 그러했습니다. 물이 포도주로 변한다는 것은 이치에 맞지 않습니다. 우리가 생각할 수 없습니다. 현실적으로 불가능합니다. 그러나 가능합니다. 이 신비를 볼 수 있는 사람은 바로 순종하는 자들입니다.

3. 주 안에서 거하기를 힘쓰라

감옥에서도 후퇴하지 않는 바울의 담대한 믿음과 능력의 비결을 요약한다면 '주 안에서'(10절), '능력주시는 자 안에서'(13절), '그리스도 예수 안에서'(19절) 바울이 온전히 예수 그리스도 안에 거하기 때문입니다. 비록 지금은 로마 감옥 안에 갇혀 있지만 그 안에 끊임없이 위로하시고 능력과 지혜를 부어주시는 주 예수 그리스도께서 그와 함께 계시기 때문에 넉넉히 이기며 맡겨진 사명을 다 감당할 수 있었다는 사실을 기억하시길 원합니다.

▶학습문제

(1) 내 삶에 변수가 생겨, 어려움이 찾아왔을 때 가장 먼저 기도로 준비했는지 생각해봅시다.
(2) 내 삶에 어려움이 찾아 왔을 때 주변 사람들에게 더 짜증을 내거나 예민하고 나쁘게 대하지 않았는지 생각해봅시다.
(3) 나의 시간을 돌아보았을 때, 나의 아픔과 슬픔을 하나님께서 기쁨으로 변화시켜 주셨던 적이 있지 않았는지 돌아봅시다.

기도

하나님 아버지, 우리가 살아가는 매 순간은 선택의 연속임을 고백합니다. 잘못된 선택으로 어려움이 찾아왔을 때 가장 먼저 하나님께 기도로 나아가는 선택을 했는지, 아니면 내 힘을 의지하며 현실적으로 해결하려는 선택을 하려 했는지 돌아봅니다. 입술로 불평 불만으로 행동으로 우리의 감정을 드러냄으로 사랑하는 사람들의 몸과 마음을 아프게 하지 않았는지 우리를 돌아봅니다. 어리석은 생각을 용서하여 주시고 나의 어려움을 통해 하나님의 역사를 써내려 갈 수 있도록 우리의 마음을 강하게 붙들어 주시고 시간이 흘러 우리 삶을 돌아봤을 때 아픔이 아닌 간증이 되게 하여 주시옵소서. 예수 그리스도 이름으로 기도드립니다. 아멘.

🌱 중보기도

(1) 어려움 속에 있는 주변 성도들이 똑같은 어려움에 처한 성도들에게 희망을 줄 수 있는 증인이 되게 하여 주옵소서.

(2) 삶으로 실존하시는 하나님을 증거할 수 있도록 허락하여 주옵소서.

> ▶ 만남의 준비
>
> 히브리서 2:9-18을 읽고 고난 받으신 평화의 왕 예수를 묵상해봅시다.

15 시험의 고난을 받으신 샬롬의 왕

성경 : 히브리서 2:9-18(암기 요절 18절)
찬송 : 461(통 519), 496장(통 260)
주제 : 이 땅의 십자가 고난은 하늘의 영광입니다.

    믿음으로 살아간다는 것은 육신의 생각과 감각과 눈으로는 도무지 볼 수도 알 수도 없는 보이지 않는 하나님의 영원한 세계를 보고 깨닫고 소망하는 삶입니다. 고린도후서 4장 18절에서 사도 바울은 이런 말을 하고 있습니다. "우리가 주목하는 것은 보이는 것이 아니요 보이지 않는 것이니 보이는 것은 잠깐이요 보이지 않는 것은 영원함이니라" 그렇다면 이땅의 고난은 하늘에서 어떠한 의미를 가질까요?

1. 하나님의 자녀들을 섬기는 천군 천사들

    성경은 인간의 육신적 눈에는 보이지 않는 신비한 영적 존재가 있음을 계시하고 있습니다. 열왕기하 6장 17절을 보면 아람 군대가 성을 에워쌌을 때 두려워하는 사환의 영안을 선지자 엘리사가 기도하여 보게 함으로 자신을 둘러 진치고 있는 막강한 하늘 군대의 불말과 불 병거의 모습을 보고 두려움을 이길 수 있었습니다. 히브리서 1장 14절에서는 이러한 큰 권능을 가진 천군 천사들이 하나님 아버지의 상속자된 우리 믿는 자들을 섬기고 보호하는 역할을 한다고 말씀하십니다.

2. 예수 그리스도께서 고난 받으신 이유

오늘 본문은 성자 하나님 예수께서 왜 하늘 영광을 다 버리고 이 죄악 세상에 죄인의 몸을 입고 오셔서 죽기까지 고난 당하셨는가에 대한 이유를 크게 네가지로 설명해주고 있습니다.

첫째는 9절과 14-17절에서 계시하고 있듯이 죄로 인한 죽음의 저주 때문에 두려워하는 죄의 노예로 전락해 버린 모든 사람들에게 영원한 생명을 주시려고 십자가에 피흘려 죽으셨습니다. 왜 예수님이 피흘리셨을까요? 피에 생명이 있기에 죄없는 자신의 피로 모든 죄인들의 생명을 위한 값을 지불하신 것입니다. 이러한 메시야 예수님의 십자가 죽음의 사건을 통해 인간이 얼마나 귀중한 존재인지 참된 인권의 근거를 알 수가 있습니다.

둘째로 예수님은 고난을 통하여 믿는 우리들이 하나님의 자녀답게 성장하고 성숙하여 온전해질 수 있도록 삶의 모범을 보여주신 것입니다. 10절 말씀이 이에 대해 설명해 주고 있습니다. "그러므로 만물이 그를 위하고 또한 그로 말미암은 이가 많은 아들들을 이끌어 영광에 들어가게 하시는 일에 그들의 구원의 창시자를 고난을 통하여 온전하게 하심이 합당하도다"

셋째로 고난 받으신 이유는 11-13절에 나타나신 바와 같이 우리와 한 형제가 되시려고 아버지 하나님의 유일하신 친 아들 성자 하나님이 십자가에 죽으신 것입니다. 예수 십자가의 공로로 우리들도 친아들은 아니지만 똑같은 법적 권리가 있는 천국의 기업을 물려받을 수 있게된 양자, 상속자가 된 것입니다.

넷째로 자주 시험에 들고 흔들려 넘어지는 연약한 하나님의 자식인 우리들을 돕기 위하여 고난을 당하신 것입니다. 이에 대해 18절에서 이렇게 증거하고 있습니다. "그가 시험을 받아 고난을 당하셨은즉 시험받는 자들을 능히 도우실 수 있느니라" 다시 말하면 죄의 저주를 당한 우리와 똑같은 육신을 입으심으로 육신적 존재인 우리 죄인들에게 다가오는 모든 시험을 친히 다 경험하셨고 마침내 가장 큰 시험인 십자가 죽음의 고난도 다 맛보심으로 승리하신 것입니다.

3. 주를 위한 고생이기에 낙입니다

우리 믿음의 모델은 늘 예수 그리스도이십니다. 에베소서 4장 13절에는 우리의 성장과 성숙에 대한 하나님 아버지의 목표가 분명하게 계시되어 있습니다. "우리가 다 하나님의 아들을 믿는 것과 아는 일에 하나가 되어 온전한 사람을 이루어 그리스도의 장성한 분량이 충만한 데까지 이르리니". 모든 사도들은 신앙의 여정에서 다가오는 여러가지 불 시험과 시련을 당할 때 온전히 기쁘게 여기라고 가르쳤습니다. 왜냐하면 이런 고난과 시련을 통하여 우리를 그리스도의 성품과 능력의 장성한 분량까지 하나님의 자식답게 점점 성장, 성숙시켜 주실 것을 잘 알았기 때문입니다. 야고보서 1장 2-4절은 이렇게 증거하고 있습니다. "내 형제들아 너희가 여러가지 시험을 당하거든 온전히 기쁘게 여기라 이는 너희 믿음의 시련이 인내를 만들어 내는 줄 너희가 앎이라 인내를 온전히 이루라 이는 너희로 온전하고 구비하여 조금도 부족함이 없게 하려함이라"

이 땅에서의 십자가 고난은 하늘 영광입니다. 그래서 우리는 주님처럼, 사도들처럼 "십자가 십자가 무한 영광일세"라고 고백할 수 있어야 할 것입니다. 땅의 나라의 고난을 통과하여 천국 영광으로 나아가는 것입니다. 사망의 고난의 음침한 골짜기를 지난 다음에 원수의 목전에서 잔치 상을 베풀어주시는 것입니다. 우리 또한 주님처럼 자기 십자가를 지고 가길 소망합니다.

▶학습문제
(1) 보이지 않는 하나님의 영원한 세계를 보고 깨닫고 소망하나요?
(2) 예수 그리스도의 고난을 묵상하나요?
(3) 이 땅에서의 십자가 고난을 하늘 영광으로 믿으며 고백하나요?

✤ 기도
하나님 이 땅의 십자가 고난은 하늘 영광입니다. 먼저 십자가 지고 걸어가신 예수님을 바라보며 이 땅의 고난을 통과하여 하나님 나라 영광 누리기를 소망합니다. 천국 면류관을 소망하며 이 땅 가운데 우리에게 주신 각자의 십자가를 지고 하루 하루 살아가길 소망합니다.

✤ 중보기도
(1) 주님께서 먼저 걸아가신 십자가의 길을 우리 또한 따라가게 하소서
(2) 하늘 영광을 소망하며 이 땅의 고난을 이겨낼 힘을 우리에게 허락하소서

> ### ▶ 만남의 준비
> 마태복음 4:17-25을 읽고 회개의 복음에 대해 묵상해 봅시다.

16 회개의 복음

성경 : 마태복음 4:17-25(암기 요절19절)
찬송 : 267(통 201), 286장(통 218)
주제 : 회개는 하나님의 편으로 돌이키는 것입니다.

회개는 지금껏 걸어왔던 길에서 완전히 다른 길로 방향을 바꾸는 일입니다. 세상은 사탄이 주관하는 멸망과 죽음의 체제이지만 예수 그리스도께서 이 땅에 오심으로 하늘나라의 생명 체제를 선포하셨습니다. 그리스도인은 회개하여 완전히 돌이킴으로 하나님 나라의 능력을 전해야 합니다.

1. 전쟁 같은 인생

우리가 살아가는 세상은 마치 전쟁터와 같습니다. 초헌 장두건 화백은 두 마리 닭이 치열하게 싸우는 모습을 형상화한 그림의 제목을 "인생은 즐거워"라고 붙였습니다. 인생을 살아가는 것이 싸움 그 자체라는 화가의 통찰이 담겨있습니다. 이처럼 우리 인생 누구나 문제들과 싸우면서 살아가고 있습니다. 성경에서는 그 원인을 세상을 창조하시고 구원하시려는 하나님의 세력과 인생을 빼앗고 죽이고 멸망시키려는 사탄의 세력과의 영적 전쟁이 이 땅에서 실제적으로 펼쳐지고 있기 때문이라고 가르칩니다. 두 개의 세력, 체제가 부딪힐 때는 어느 편에 속하느냐가 굉장히 중요합니다. 내 의지와 상관없이 내가 속한 세력의 운명이 나의 운명을 결정짓기 때문입니다. 애매한 태도는 용납되지 않습니다. 어디에 속할지를 분명히 밝히고 그쪽 편에 서 있어야 합니다. 우리는 반드시 하나님의 편에 서야 할 것입니다.

2. 회개는 예수 그리스도로 체제전환하는 것입니다

그러나 우리의 힘과 능력만으로는 하나님의 편에 서기 어렵습니다. "공중의 권세 잡은 자"라는 표현과 같이 아담의 범죄로 사탄에게 이 땅을 다스릴 권세를 빼앗겼기 때문입니다. 이 땅은 어둠의 권세가 장악하여 멸망의 길로 이끌어 가고 있습니다. 그러나 하나님께서는 소망 없는 이 땅에 한 줄기 빛을 주셨습니다. 바로 진리이며 빛 되신 예수 그리스도를 이 땅에 보내신 것입니다. 2000년 전, 하나님의 군대 총사령관 독생 성자 예수님이 빛과 어둠의 전쟁터가 된 이 세상에 파견 근무를 오셨습니다. 예수님이 오심으로 이 땅에는 빛의 체제의 위대한 반격이 시작되었습니다.

하나님 군대의 총사령관이신 예수님은 "회개하라! 천국이 가까이 왔다."라고 말씀하셨습니다. 마귀의 체제에서 그리스도의 체제로 전향하라는 뜻입니다. 체제 전환에는 대가 지불이 필요합니다. 마귀의 체제에서 안일하게 누리는 것들은 포기하고, 하나님 체제를 바라보는 믿음의 눈이 있어야 합니다.

3. 천국의 능력이 가까이 나타납니다

처음에는 이 땅에서 손해를 당하는 것 같지만 그렇지 않습니다. 예수 그리스도의 체제 안에서 하나님의 나라와 의를 먼저 구할 때,

우리의 필요를 모두 더하실 하나님의 은혜가 있습니다. 하나님의 나라는 회복의 나라입니다.

4. 회개의 복음을 전파하라!

예수님께서 천국복음을 전파하시고, 모든 병과 연약함을 고쳐주시고, 말씀을 가르치셨습니다. 우리들도 천국복음을 듣고 회개하고, 우리의 연약함을 고치시는 주님의 은혜를 맛보고, 그분의 말씀을 배워 무장함으로 복음을 전하는 자들이 되어야 합니다. 회개하는 그리스도인이 또 다른 그리스도인들을 세워갈 때, 하나님의 나라가 더욱 확장될 것입니다.

▶학습문제

(1) 하나님의 편으로 돌이키는 회개는 우리 삶의 모든 영역에서 일어나야 합니다. 아직 회개하지 못한 삶의 영역이 있다면 돌아봅시다.
(2) 먼저 하나님의 나라와 의를 구하기 위하여 포기하거나 손해 본 일이 있다면 나누어 봅시다.
(3) 예수 그리스도를 믿음으로 회복되고, 말씀을 배우고, 전도한 일이 있다면 나누어 봅시다.

기도

하나님께로 돌이키는 회개는 매일, 매순간 일어나야 할 줄로 믿습니다. 그리스도께서 우리의 모든 삶을 다스려주십시오. 주님께 회복 받고, 문제해결 받는 인생들 되게 하여 주십시오. 나 한 사람뿐만 아니라 가족과 이웃에게 회개의 복음을 전할 수 있게 도와주십시오. 예수님의 이름으로 기도합니다. 아멘.

🌱 중보기도

(1) 아직 깨닫지 못함으로 가정에서, 교회에서, 직장에서 마귀의 도구로 쓰임 받는 영혼들을 불쌍히 여겨주소서.
(2) 전도할 영혼에게 복음을 전할 때, 하나님의 말씀이 완전히 믿어지는 은혜가 있게 하소서.

▶ 만남의 준비

요한복음 12:23-33을 읽고, 부활의 첫 열매가 되신 예수님을 묵상합시다.

17 부활의 첫 열매

성경 : 요한복음 12:23-33(암기 요절 : 24절)
찬송 : 160(통 150), 461장(통 519)
주제 : 예수님께서 부활의 첫 열매가 되셨다. 우리도 예수님을 따라 좋은 씨앗이 되어서 하나님의 뜻이 있는 땅에 심겨져 많은 열매를 맺게 하는 알곡이 되자

　이스라엘 백성들은 가나안 땅에서 하나님께서 명하신 일곱 가지의 절기를 지키며 살았습니다. 일곱 가지 절기 중 초실절과 오순절이 보리와 밀과 관련 있는 절기입니다. 예수님이 부활의 첫 열매로 자신을 하나님께 드린다는 의미를 계시하는 절기가 초실절이며, 초실절로부터 50일째가 되는 오순절은 밀의 첫 추수를 하나님께 드리는 절기입니다. 초실절 이후 50일째 되는 날 성령 강림으로 본격적인 이방인에 대한 추수가 시작됨을 계시하는 절기가 오순절입니다.

1. 떨어져 심기는 좋은 씨앗이 됩시다

　본문 말씀은 예수님께서 유월절 속죄 제물로 십자가에 달려 죽기 위해 예루살렘에 입성하실 때 하신 말씀입니다. 예수님께서 예루살렘에 입성하셔서 하신 말씀이 본문 24절의 말씀입니다. "내가 진실로 진실로 너희에게 이르노니 한 알의 밀이 땅에 떨어져 죽지 아니하면 한 알 그대로 있고 죽으면 많은 열매를 맺느니라" 예수님께서

곧 한 알의 밀이 될 것임을 예고하는 말씀입니다. 한 알의 밀이 되시는 이유는 많은 부활의 열매를 맺게 하기 위함이라고 계시하십니다. 예수님의 말씀을 보며 어떤 씨앗이 되어야 하는지에 대해서 세 가지를 살펴보고자 합니다.

첫 번째, 한 알의 밀은 반드시 땅에 떨어져야 한다는 것입니다. 사람의 죄로 인해 이 땅이 더러워졌지만 하나님께서는 예수님을 이 땅에 심으셔서 다시 회복케 하셨습니다. 우리도 우리가 살아가는 터전에서 한 알의 밀로 심겨져야 할 것입니다.

두 번째, 아무렇게나 심겨서는 안 된다는 것입니다. 좋은 씨앗으로 좋은 땅에 떨어져야 합니다. 좋은 씨앗이 되는 것은 하나님의 말씀에 순종함으로 이룰 수 있습니다. 좋은 땅은 하나님의 마음이 머무는 특별한 땅입니다. 순종함으로 좋은 씨앗이 되어서 하나님의 마음이 머무는 땅에 우리는 심겨져야 할 것입니다.

세 번째, 우리가 좋은 씨앗으로 땅에 심겨지게 되면 불필요한 것은 사라지고 새 새명으로 부활하여 많은 열매를 맺게 됩니다. 새 생명으로 부활하기까지 우리에게는 인내와 기다림이 필요합니다. 우리에게 시험이 다가오기 때문에 이 시험을 이겨내기 위해서 인내의 시간이 필요한 것입니다.

2. 한 알의 씨앗으로 땅에 떨어져 죽어야 하나님께 영광이 됩니다.

우리가 이렇게 한 알의 밀로 땅에 떨어져 죽을 때에야 비로소 하나님께 영광이 됩니다. 예수님께서 고난을 앞두고 "인자가 영광을 얻을 때가 왔도다"라고 말씀하신 것이 이 때문입니다. 십자가에 달려 죽을 때가 죽음에서 승리하는 영광의 때라는 것을 이미 알고 계셨던 것입니다. 우리가 십자가를 지고 주님을 따라갈 때 반드시 썩고 죽는 믿음의 유혹과 테스트가 따라올 것입니다. 사도 바울도 힘들어했지만 자기 십자가를 끝까지 지고 갔습니다. 우리 모두도 각자의 십자가를 지고 주님을 끝까지 따라갈 수 있기를 바랍니다.

죄의 유혹이 다가올 때 죄를 썩게 하며, 날마다 즐거운 마음으로 자기 십자가를 지고 갑시다. 부활의 능력으로 날마다 다시 살아 많은 열매를 맺게 하는 삶 되기를 축복합니다.

▶학습문제

(1) 예수님께서 이 땅에 심긴 한 알의 좋은 씨앗이었음을 기억하게 되기를 바랍니다.
(2) 우리도 예수님을 따라 좋은 씨앗이 되어야 함을 늘 기억할 수 있기를 바랍니다.
(3) 우리가 좋은 씨앗이 되기 위해서 무엇을 더욱 훈련하고 무엇을 제거해야 하는지 생각해보시기를 바랍니다.

기도

하나님 아버지, 우리에게 가장 좋은 씨앗 예수님을 이 땅에 보내주시고 심어주셔서 감사합니다. 하지만 우리는 예수님을 따라 산다고 하면서 우리 스스로가 좋은 씨앗이 되지 못한 모습을 용서하여 주옵소서. 죄의 유혹을 이겨내고 부활의 첫 열매가 되신 예수님을 바라보며 좋은 씨앗 되기를 원합니다. 연약한 우리를 도와주옵소서. 예수님의 이름으로 기도합니다. 아멘.

중보기도
(1) 하나님을 믿는 우리 모두가 믿음의 좋은 씨앗으로 살아가게 하옵소서
(2) 우리가 하나님의 마음이 있는 곳에 심겨져서 다른 이들에게 많은 믿음의 씨앗이 심겨질 수 있도록 우리를 사용하여 주소서

▶ 만남의 준비
잠언 22:6을 읽고 성경적 자녀교육에 대해 묵상해봅시다.

PART 3

유승대 목사 편

5월 행복한 가정을 가꾸는 달

　18. 성경적 자녀교육
　19. 자녀에게 제일 좋은 환경은 부모
　20. 천국을 경험하는 가정
　21. 자녀들에게 줄 선물
　22. 행복한 부부

6월 건강한 공동체를 세우는 달

　23. 교회의 직분자의 자격(1)
　24. 교회의 직분자의 자격(2)
　25. 하나 되게 하소서
　26. 교회의 통일성과 다양성

18 성경적 자녀교육

성경 : 잠언 22:6(암기 요절 6절)
찬송 : 88(통 88), 199장(통 234)
주제 : 자녀를 성경적으로 키웠는지 말씀을 통해 되돌아본다.

하나님은 우리에게 이 땅에 충만하고 번성하라는 축복의 명령을 하셨습니다. 이것은 복을 주시기 위한 명령입니다. 그런데 하나님의 백성들인 우리가 하나님의 말씀에 순종치 않고 정부의 말을 듣고 하나둘만 낳아 잘 기르자는 말을 따라 지금 세계 제일의 저출산 국가가 된 것을 정말 회개해야 합니다. 성도들은 하나님의 이 말씀에 순종하여 많이 낳아야 합니다. 그뿐 아니라 잘 키워야 됩니다. 성경적인 자녀교육은 어떻게 해야 합니까?

1. 과잉보호로 키우면 안됩니다

마트에서 엄마가 물건을 잔뜩 사가지고 나옵니다. 아들은 과자 하나만 달랑달랑 들고 물고 갑니다. 엄마가 낑낑대니 아이가 뒤돌아봅니다. "엄마 왜 그래?" "무거워 그렇지, 너는 빨리 가" 엄마가 아이를 너무나도 사랑해서 희생적으로 다 들어줍니다. 그러나 그렇게 사랑하면 그 아이는 이기적이고 책임감 없는 아이가 됩니다. 그 엄마는 사랑이라는 이름으로 그 아이를 망치고 있는 것입니다. 정말 사랑한다면 "아들, 엄마 이거 하나 들어줄래?" 그래서 집에 왔을 때 "아들, 무거운 것도 들어주고 다 컸네. 여보, 오늘 철수가 무거운 짐도 들어주고 얼마나 듬직한지 몰라요." 이 때 이 아이는 책임감을 배우고 이타심을 배우고 그것이 곧 리더가 될 수 있는 자질이 되는 것입니다.

맥아더 장군의 기도문에 보면 이런 말이 있습니다.

'내 자녀를 평탄하고 안이한 길로 가게 하지 마시고 고난과 어려움을 이길 줄 아는 강한 자녀로 키워 주소서.'

방학 때면 단기선교도 보내고, 국내 작은 교회 봉사활동도 보내고, 고아원 가서 봉사하게 해 보십시오. 그러면 아이들이 비전을 품고, 청소년기에 비뚤어지지 않고, 인생을 보는 눈이 다르고, 세상을 품고 하나님의 비전을 가지고 살아갈 수 있는 것입니다.

우리 자녀를 강하게 키워야지 과잉 보호하면 안됩니다.

2. 자녀에게 채찍을 때리라

"아이의 마음에는 미련한 것이 얽혔으나 징계하는 채찍이 이를 멀리 쫓아내리라(잠 22:15)" 하나님이 우리에게 자녀를 맡길 때 기도만 하면 그 자녀가 잘 된다고 말하지 않고 교육을 시키게 하고 또한 징계를 하라고 명하고 있습니다.

예전에는 가정에서도 자녀에게 징계와 체벌을 했습니다. 학교에서도 징계와 체벌이 아주 많았습니다. 옛날 서당에서는 종아리 맞는 것은 기본이었습니다. 종아리(마침 終, 나 我, 이로울 利) 그 뜻은 맞으면 마침내 나에게 이롭다는 것입니다. 옛적에는 자녀를 초달(楚撻)하면서 길렀습니다.

그런데 오늘날 우리 신세대 부모가 아이를 기르는 것을 보면 도무지 체벌도 징계도 없이 아이들을 기릅니다. 아이들이 많지도 않고 하나둘 되다보니 너무 귀한 나머지 그저 내버려 두는 모습입니다.
  로마서 1장에 하나님의 마지막 카드가 임의로 하게 내버려 두는 것입니다. 이것이 제일 큰 저주입니다. "주께서 그 사랑하시는 자를 징계하시고 그가 받아들이시는 아들마다 채찍질하심이라 하였으니(히 12:6)." 아이들이 조금 잘못해도 내버려 두면 그래도 되는 줄 압니다. 그 상태로 굳어지면 나이가 들어도 고칠 수가 없습니다. 그래서 옛날 어른들은 세 살 버릇 여든까지 간다고 했습니다. 자녀를 채찍질하지 않으면 나중에 그 자녀가 부모에게 채찍이 됩니다.

3. 완벽주의를 조심해야 합니다

  자녀가 자기 딴에 나름대로 뭘 했는데 이미 한 것에 대해서는 잘 했다는 말을 안하고 더 잘해야 될 것만 '이것도 잘해라, 저것도 잘해라.' 이렇게 하는 것이 완벽주의입니다. 이런 사람들은 '열심히 해라, 미리미리 해라, 철저히 해라, 실수 없이 해라.' 이런 말만 합니다. 그러면 아이가 엄마아빠 칭찬 들으려고 하다가 '나는 역시 안 돼' 이렇게 됩니다.
  여러분, 자녀가 얼마나 부모의 인정을 받고 싶어 하는지 아십니까? 특히 10대를 통과하는 자녀는 아빠의 인정을 받고 싶어 합니다. 아빠가 "잘 했다, 정말 잘 했다. 자랑스럽다." 이 말을 해 주는 것은 어떤 열심히 하라는 백 마디 말보다 더 큰 효과가 있는 것입니다. 자랑스러워서 자랑스럽다고 하는 것이 아니라 자랑스러워하면 자랑스럽게 됩니다. 사랑스러워서 사랑스럽다고 하는 것이 아니라 사랑스럽다고 하면 사랑스럽습니다. 이것이 믿음의 법칙입니다.
  "제 자랑스러운 아들입니다. 제 자랑스러운 딸입니다"라고 말씀해 보십시오. 그동안 그 영혼에 부정적인 말을 넣어준 것에 대해서 회개해야 합니다. 행복한 사람의 특징은 행복한 말만 하고, 불행한 사람의 특징은 불행한 말만 한다는 것을 기억하시길 바랍니다.

▶ **학습문제**
(1) 자녀를 과잉보호로 키우지 않았는지 돌아봅시다.
(2) 자녀를 채찍으로 근실히 징계하며 키웠는지 돌아봅시다.
(3) 자녀에게 긍정적인 말을 많이 했는지 부정적인 말을 많이 했는지 돌아봅시다.

기도

하나님 아버지, 맡겨주신 자녀를 과잉으로 보호해서 버릇없는 아이로 키운 것을 용서하옵소서. 자녀를 근실히 징계하지 못해 믿음의 자녀로 키우지 못한 것을 회개합니다. 자녀에게 부정적인 말을 많이 한 것을 용서해 주옵소서. 예수님의 이름으로 기도합니다. 아멘

중보기도
(1) 맡겨주신 자녀가 하나님의 사람으로 살아가게 하옵소서.
(2) 자녀가 주님을 인격적으로 만나고 사명을 발견하여 충성되게 살아가게 하소서.

> ▶ **만남의 준비**
> 창세기 37:1-5 말씀을 읽고, 자녀교육이란 관점으로 묵상해 봅시다.

19 자녀에게 제일 좋은 환경은 부모이다

> 성경 : 창 37:1-5 (암기 요절 3절)
> 찬송 : 91(통 91), 563장(통 411)
> 주제 : 자녀를 편애와 차별 없이 동일한 사랑으로 양육해야
>   한다.

　인간에게 환경은 대단히 중요합니다. 더더구나 어린 자식들에게 환경은 너무나 중요합니다. 야곱이 네 명의 아내에게서 열두 아들을 낳았는데 전부 자기 아들이지 데리고 온 아들이 아닙니다. 그런데 열 명의 아들이 합세해서 한 명의 아들을 죽이려고 했습니다. 그러다가 미디안 장사꾼에게 팔았습니다. 그 이유가 어디에 있습니까? 아버지 야곱에게 있었습니다. 편애했기 때문입니다. 야곱이 자기 자식들을 그렇게 갈라놓은 것입니다.

　내 몸에서 태어난 자식들이 불화한 것은 그 자식들을 탓하기 전에 '내가 우리 아이들이 싸울 수밖에 없는 환경 제공자가 아닌가?' 부모인 나를 성찰해야 합니다.

1. 자녀들은 부모의 뒷모습을 보고 자란다

　부모들은 자식들의 환경을 중요시해서 방도 좋게 꾸며 주고, 컴퓨터도 사주고, 스마트 폰도 사주고, 책도 사줍니다. 그것도 중요하지만 더 중요한 환경은 '부모 자신'입니다. 부모의 말, 부모의 인

격, 부모의 가치관, 부모의 일거수일투족이 자식의 환경입니다. 아무리 좋은 컴퓨터에 아무리 좋은 책을 갖다 두어도 부모라는 환경이 좋지 못하면 자식은 문제를 갖게 되는 것입니다. 좋은 자식은 학교 선생님이 만들지 않습니다. 좋은 자식은 이웃이 만들지도 않습니다. 좋은 부모 밑에서 좋은 자식이 자라는 것입니다. 그러므로 자식을 가진 모든 부모는 내 자식의 첫 번째 환경은 부모라는 것을 알아야 됩니다. 자녀는 부모의 정면을 보기보다는 뒷모습을 보고 자람을 깨달아야 합니다.

본문 말씀의 야곱은 아들이 열둘인데 유독 요셉에게만 채색옷을 지어 입혀 주었습니다. 요셉은 채색옷을 입고 형들을 감독하고 형들이 잘못하면 아버지 야곱에게 고자질하곤 했습니다.

2. 자녀교육에 가장 조심해야 할 것은 편애입니다

옛날 어른들은 아들만 좋아하고 딸은 천대했습니다. 그래서 딸들이 상처가 많습니다. 형만 옷 사주고 동생은 늘 헌 옷을 물려받아 입히고 그렇게 하면 안됩니다. 가능한 한 같이 옷도 사주고 운동화도 같이 사주어야 합니다. '부모님이 첫째와 둘째 셋째를 같이 사랑하는 구나' 라는 신뢰를 주고 난 뒤에는 물려줘도 괜찮습니다. 똑같이 대우해 주는 것은 교육적으로 매우 중요한 일입니다. 아버지 야곱이 요셉을 사랑한다고 채색옷을 입힌 것은 실수였습니다. 일생 최대의 실수였습니다. 사람들이 제일 힘들어하는 것이 차별 받는 것입니다.

차별하는 것은 깔보고 내려보는 것입니다. 이 세상이 힘든 것은 깔보고 편애하고 그것 때문에 상처받고 그래서 불화가 됩니다.

우리나라에 기독교가 들어오면서 양반과 상놈의 차별이 없어졌습니다. 기적입니다. 남녀의 그 엄청난 그 간격을 복음이 무너뜨렸습니다. 무시당하고 차별당했던 여자도, 어린 아이들의 인권도 존중받게 되었습니다. 예수 안에서는 어떤 차별이나 계층의 벽도 허물어지고 하나가 되는 것입니다. 교회 안에서는 다 하나로 허물어지고 녹아지는 것입니다. 모두가 존귀한 하나님의 백성들이 되는 것입니다.

성숙한 공동체란 차별이 없는 것입니다. 모두를 한 형제자매로 받아들이는 곳이 공동체입니다. 신분과 빈부와 성별에 차이를 두지 않는 곳입니다. 좋은 교회란 막 들어온 신자가 전혀 벽을 느끼지 않는 교회입니다. 자칫하면 오래된 신자들이 텃세를 부릴 수 있습니다. 안 좋은 교회의 특징은 텃세 그룹이 있습니다. 너무 배타적이어서 다른 사람들이 끼어들 수 없게 한다는 것입니다.

성숙이라고 하는 것은 결국 인간관계의 폭을 결정하는 것입니다. 좋아하는 사람만 좋아하는 것은 기호가 아니라 미성숙함입니다.

3. 뿌린 대로 거둔다는 것은 만고불변한 하나님의 법칙입니다

야곱이 지금 총애하는 요셉을 잃고 애통해 합니다. 베옷을 허리에 동이고 애통해합니다. 아들들을 차별해서 그들을 그렇게 분노하게 하더니 그런 고통을 당합니다. 어떤 경우에도 남의 눈에 피눈물을 흘리게 해서는 안 됩니다. 서럽게 해서는 안 됩니다. 그러면 반드시 자기 눈에도 피눈물이 나게 됩니다.

거꾸로 이야기하면 내가 다른 사람에게 기쁨과 행복을 전해주는 사람이 되면 뿌린 대로 거둡니다. 그러니까 뿌린 대로 거둔다는 그 하나님의 법칙은 우리를 두렵게 하기 위한 법칙이 아니라 그러므로 정말 가치 있는 것을 뿌리고 정말 기쁨과 행복을 뿌리는 사람이 되라는 것입니다. 뿌린 것은 반드시 거두어집니다.

▶ **학습문제**
　(1) 자녀를 차별하지 않았는지 돌아봅시다.
　(2) 누군가가 나를 차별할 때 하나님은 나를 사랑하신다는 자존감을 가지고 웃을 수 있어야 합니다. 여러분의 자존감은 높습니까?

❃ **기도**
하나님 아버지, 맡겨주신 자녀를 차별과 편애로 키운 것을 용서하옵소서. 자녀를 하나님의 자녀로 자존감 있게 키우지 못한 것을 용서하옵소서. 예수님의 이름으로 기도합니다. 아멘

❃ **중보기도**
　(1) 맡겨 주신 자녀가 하나님의 사랑으로 건강한 자아상을 갖고 살아가게 하옵소서.
　(2) 자녀가 축복의 통로로 살아가게 하소서.

> ▶ **만남의 준비**
> 베드로전서 3:1-7을 읽고 천국을 경험하는 가정에 대해 묵상해 봅시다.

20 천국을 경험하는 가정

성경 : 베드로전서 3:1-7(암기 요절 1절)
찬송 : 559(통 305), 246장(통 221)
주제 : 부부간의 관계를 점검하여 더욱 행복한 가정을 만들어
간다.

본문은 아내와 남편에게 주시는 말씀입니다. 그런데 아내가 들어야 될 말씀인데 남편이 듣고, 남편이 들어야 될 말씀인데 아내가 듣고는 서로 "여보 잘 들었지?" 하면 안 됩니다. 부부 사이에는 메아리 법칙이 적용됩니다. 상대방을 변화시키려 하지 말고 내가 변화되면 상대가 변화됩니다. 내 말이 바뀌면 상대방의 말이 바뀌는 것입니다. 오늘 내가 고쳐야 될 것이 무엇인가? 그 말씀에 귀를 기울입시다.

1. 아내는 남편에게 순종하고 인정하라

남편들은 직장에 나가서 수모를 겪을 때도 있지만 식구들 생각하면서 참아냅니다. 그래도 집에 돌아가면 쉴 곳이 있고 내게 힘을 주는 아내가 있다 생각합니다. 남편이 집에 돌아오면 "엄마는?" 아내를 찾습니다. 혹 중한 병이 들면 남자들은 '내가 죽으면 어떻게 하지'가 아니라 '내가 죽으면 자식들, 아내는 어떻게 하나' 밤잠도 못 자고 말 못하고 혼자 끙끙거리는 것이 이 시대의 남자입니다. 남편이 집에 들어와서 "나 좀 인정해줘. 위로해줘. 아 힘들어" 표현하지 않

아도 그런 마음입니다. 그런데 힘을 주어야 될 아내가 힘을 빼면 안 됩니다. 밖에 나가서 무슨 일이 있어도 자기 아내의 존경을 받고 자기 아내의 인정을 받는 남자는 어디에 가서도 자신감이 있습니다. 그러나 아내의 인정을 받지 못하고 존경을 받지 못하면 밖에서 아무리 인정받고 존경을 받아도 늘 자신감이 없습니다. 늘 불안합니다. 남자의 최선이 세상에서 발휘될 수 없습니다. 남편은 아내의 인정을 먹고 자랍니다. 아내가 사랑한다는 말을 먹고 자란다면 남편은 아내의 인정을 먹고 자랍니다. 남편을 칭찬하고 격려하십시오. "여보 잘했어!" 이 한마디가 얼마나 힘이 되는지 모릅니다.

2. 아내가 순종하는 또 다른 이유는 믿지 않는 남편 구원을 위해서다

"그 아내의 행실로 말미암아 구원을 받게 하려 함이니(벧전 3:1)" 말이 아니라 행위라는 것입니다. "너희의 두려워하며 정결한 행실을 봄이라(벧전 3:2)" 이것은 아내가 남편 앞에서 두려워서 벌벌 떠는 것이 아닙니다. 하나님을 향해 거룩한 두려움을 가지고 사는 사람을 말하는 것입니다. 여러분, 세상에 유혹이 얼마나 많습니까? 그런데 하나님을 향한 거룩한 두려움이 있으니까 세상에 유혹이 아무리 많아도 자기 아내는 순결을 지키고 정결한 삶을 살더라는 것입니다. 그것을 남편이 본다는 것입니다.

3. 외모보다는 내면의 아름다움을 더욱 추구하라

"너희의 두려워하며 정결한 행위를 봄이라 너희 단장은 머리를 꾸미고 금을 차고 아름다운 옷을 입는 외모로 하지 말고 오직 마음에 숨은 사람을 온유하고 안정한 심령의 썩지 아니할 것으로 하라 이는 하나님 앞에 값진 것이니라 전에 하나님께 소망을 두었던 거룩한 부녀들도 이와 같이 자기 남편에게 순종함으로 자기를 단장하였나니 (벧전 3:2-5)."

4. 지식을 따라 너희 아내와 동거하고

아내에 대해서 공부를 하라. 철저히 바라보고 아내를 이해하고 관찰해서 아내가 무슨 말을 하면 좋아하고 무슨 말을 하면 싫어하는지 아내의 장점이 무엇인지 어떤 부분을 내가 도와주어야 되는지 무슨 음식을 좋아하는지 어떨 때 낙심하는지 어떨 때 힘든지 아내를 기쁘게 하면서 아내가 만족하도록 해야 합니다.

5. 아내는 더 연약한 그릇이요, 귀히 여기라

성경은 사람이 연약하다고 말씀합니다. 연약하여서 작은 바이러스 하나 들어와도 감기로 며칠을 드러누울 수밖에 없습니다. 그런데 남자도 연약하지만 아내는 더 연약한 그릇입니다.

"생명의 은혜를 함께 이어받을 자로 알아 귀히 여기라(벧전 3:7)." 남편이 아내를 귀하게 여기지 않으면 아이들도 엄마를 귀하게 여기지 않습니다. 훌륭한 남편은 아내를 귀히 여기는 남편입니다. 아내를 귀하게 여기는 것은 팔불출이 아닙니다. 여러분이 귀히 여기면 다른 사람도 아내를 귀히 여깁니다. 그 주변의 모든 사람도 아내를 귀히 여깁니다. 남편이 아내를 귀히 여겨주면 귀한 아내가 됩니다. 따라서 귀한 아내는 태어나는 것이 아니라 남편이 만드는 것입니다. 아내의 허물이 있다면 남편이 책임지고 그 허물을 덮어 주고 적극적으로 변호해야 합니다. 그럴 때 남편도 존귀한 자가 됩니다. 귀한 아내는 만들어지는 것입니다. 또 귀한 사람은 만들어지는 것입니다. 사람은 여겨주는 대로 됩니다. 예수 믿으면 왜 달라지고 변화합니까? 세상에서 하찮게 여기는 나를 하나님은 보배롭게 여기고 존귀하게 여기고 사랑스럽게 여기시기 때문입니다.

▶학습문제
(1) 아내 된 여러분은 남편을 인정하고 용기를 주고 있습니까?
(2) 남편 된 여러분은 아내를 귀히 여기고 있습니까?

✿ 기도

하나님 아버지, 남편을 더욱 인정하게 하시고 용기를 주지 못한 점을 용서하옵소서. 하나님 아버지, 아내를 귀히 여기지 못한 것을 용서하옵소서. 예수님의 이름으로 기도합니다. 아멘

✿ 중보기도

(1) 성경적인 가치관으로 부부가 서로 사랑함으로 천국을 경험하는 가정이 되게 하옵소서.
(2) 이 땅의 가정들이 깨어지지 않게 하시고 성경적인 가정들이 되게 하소서.

▶ 만남의 준비
에베소서 6:4 말씀을 읽고, 자녀에게 줄 최고의 선물을 묵상해 봅시다.

21 자녀들에게 줄 선물

성경 : 에베소서 6:4(암기 요절 4절)
찬송 : 95(통 82), 254장(통 186)
주제 : 자녀에게 줄 최고의 선물을 하나하나 점검해 보자.

자녀들에게 부모가 줄 수 있는 선물을 소개합니다.
　이것은 우리 자녀들에게도 주기 원하지만 우리 아이들이 이 선물을 받고 자기 자녀들에게도 선물로 줄 수 있는 즉 다음 세대에게도 전하기를 원합니다. 부모로서 아이들에게 줄 수 있는 선물 그리고 부모로서 꼭 주어야 되는 선물은 무엇입니까?

1. 조건 없는 사랑입니다

　우리가 아이들에게 부모로서 줄 수 있는 무조건적인 사랑입니다. 조건 없이 아이들을 사랑하는 것, 무조건적으로 사랑을 주는 것입니다. 무조건적인 사랑을 자녀에게 줄 수 있는 방법은 먼저 부모인 내가 그 사랑으로 채워져야 됩니다. 매일 순간순간마다 예수 그리스도의 사랑으로 신선하게 채워가야지만 우리가 아이들에게 줄 수 있습니다. 아이들에게 줄 수 있는 방법은 시간을 통해서 아이들에게 사랑을 보여 줄 수 있습니다. 우리의 손길 터치를 통해서 그 사랑을 보여 줄 수 있고, 우리의 대화를 통해서도 아이들에게 사랑을 보여 줄 수 있습니다.

당신의 시간(time) – 아이들이 어렸을 때에는 아이들과 같이 집에서 시간을 보내지만 아이들이 커가면서 밖에서 보내는 시간이 많아집니다. 학교, 학원을 가고 밖에서 보내는 시간이 많습니다. 아이들이 집에 돌아 올 때 그 아이들이 부모를 필요로 할 때 우리가 그 시간을 제공해 줄 수 있는 부모가 되는 것이 필요합니다.

당신의 터치(touch) – 옛날에는 포대기에 아이를 업고 다녔습니다. 그것은 엄마와 아이의 터치의 시간입니다. 그러나 현대 아이들은 유모차를 탑니다, 카시트에 앉힙니다. 보행기에 앉아서 놉니다. 터치가 부족한 시대입니다. 사춘기에는 전과 같이 친구들 앞에서 안아 줄 수는 없습니다. 그러나 가서 하이파이브를 해주던지 아니면 어깨를 한번 다독거리면서 잘한다 하든지 그 아이에게 알맞는 터치가 필요합니다.

당신의 대화(talk) – 아이들이 학교 갔을 때 대부분 입시 위주의 학교에서 격려의 말을 듣지 못합니다. 아이들이 놀림도 받을 수 있고 왕따가 될 수도 있습니다. 그런 아이들이 가정에 돌아와서 집에 들어와 격려의 말, 칭찬의 말, 사랑의 메시지를 받을 수 있는 통로가 부모님입니다. 대화가 사랑을 전달할 수 있는 통로입니다. 부모가 온 애정을 담아서 하는 한 마디가 아이의 인생을 바꿉니다. "도가니로 은을, 풀무로 금을, 칭찬으로 사람을 단련하느니라(잠 27:21)." 첫 번째 선물이 무조건의 사랑입니다

2. 경계선을 세우는 것입니다

훈육이라고 할 수 있습니다. 부모님이 하나가 되어서 훈육해야 합니다. 엄마는 이렇게 하고 아빠는 저렇게 하면 아이는 혼동이 옵니다. 그래서 엄마하고 아빠하고 한 팀이 되어야 하는 것입니다. 아이를 사랑하는 방법 중에 제일 중요한 방법이 무엇인가 하면 내가

좋은 아내(남편)가 되면 아이들한테 좋은 엄마(아빠)가 됩니다. 부부관계 안에서 한 팀이 되는 것이 자녀를 훈육하는데 제일 좋은 모습입니다. 아이들을 훈육하는 이유는 무엇입니까? 아이들의 행동을 변화시키려고 훈육하는 것이 아닙니다. 그 아이들의 마음을 훈련시키는 것입니다. 무엇을 훈련시킵니까? 그 아이들이 엄마 아빠에게 순종하는 것을 배우면서 하나님께 순종하는 것을 배우게 하는 것입니다. 엄마 아빠의 음성을 듣고 반응하고 순종하는 아이들이 하나님한테 순종하는 아이가 될 것입니다. 사랑할 때 훈계하십시오. 이를 도식화하면 훈계는 교훈과 책망으로 이루어집니다. 야단치고 책망할 때는 반드시 사랑이 수반되어야 합니다. 사랑이 없을 때는 훈계를 미루어야 합니다.

3. 생명의 떡

사랑하고 훈육하는 것은 결국 이 세 번째 선물을 주기 위해서입니다. 이것은 제일 중요한 선물입니다. 생명의 떡을 그 아이들에게 주기를 원합니다. 늘 질문해야 합니다. '내가 이 아이들에게 생명의 떡을 주고 있나?' "마땅히 행할 길을 아이에게 가르치라 그리하면 늙어도 그것을 떠나지 아니하리라(잠 22:6)." 어릴 때 행할 길을 아이에게 가르치면 늙어도 그 길을 떠날 수가 없는 것입니다. 학교나 학원에 혹은 대학이나 대학원 교육까지 시켰으니 다 했다고 생각지 마십시오. 하나님의 말씀이 없는 지식 교육은 모래 위에 집을 짓는 것입니다.

4. 기도

스토미 오마샨은 자신의 저서 「자식의 장래는 부모의 무릎에 달려 있다」를 아시나요? 이 책에서 참 멋진 말을 했습니다. 완벽한 부모이기보다는 기도하는 부모가 되어주고 그들의 장래는 부모 자신들의 손이 아닌 하나님의 손에 맡기는 것이 자녀를 위한 부모들의 최선입니다.

▶학습문제
(1) 위의 4가지를 자녀에게 행하고 있는지 점검해 봅시다.
(2) 우리 가정에서 잘되고 있는 것과 잘 안되고 있는 것이 무엇인지 살펴봅시다.

🌸 기도
하나님 아버지, 사랑과 훈육, 말씀과 기도로 잘 양육하지 못한 것을 용서하옵소서. 자녀들이 위의 4가지로 하나님의 자녀답게 살아가게 하옵소서. 예수님의 이름으로 기도합니다. 아멘

🌸 중보기도
(1) 이 땅의 부모들이 자녀들을 사랑, 훈육, 말씀, 기도로 잘 양육하게 하옵소서.
(2) 자녀보다 먼저 부모가 이런 부분에 자각이 있게 하옵소서.

> ▶ 만남의 준비
> 베드로전서 3:1-7 말씀을 읽고, 건강하고 행복한 부부생활을 묵상해 봅시다.

22 행복한 부부

> 성경 : 베드로전서 3:1-7(암기 요절 7절)
> 찬송 : 304(통 404), 305장(통 405)
> 주제 : 부부의 차이를 발견하고 이해하며 사랑하여 건강한 가정을 만든다.

옛 러시아 속담 중에 이런 속담이 있습니다. '전쟁에 나가느냐? 한 번 기도해라. 먼 바다로 항해를 나가느냐? 두 번 기도하라. 결혼을 하려느냐? 세 번 기도하라.' 옛날에는 전쟁에 나갔다가 살아 돌아올 확률보다 먼 바다에 가서 살아 돌아올 확률이 훨씬 낮았습니다. 전쟁보다, 먼 바다의 항해보다, 부부가 잘 사는 것이 더 어렵다는 말입니다.
"남편들아 이와 같이 지식을 따라 너희 아내와 동거하고"(벧전 3:7)라는 말씀처럼 부부가 서로 잘 알아야 행복할 수 있습니다. 부부가 무엇인지? 남편과 아내가 무엇을 원하는지? 남녀의 차이는 무엇인지? 부부의 대화는 어떻게 하는지? '지식을 따라' 동거해야 합니다. 남자와 여자는 완전히 다릅니다(남녀의 차이). 흙과 뼈. 재료부터 다릅니다. 필요가 서로 다릅니다.

1. 남자는 일 중심적입니다

과업, 프로젝트 성취하는 것을 만족해합니다. 결과를 중요시합니다. 여자는 돕는 배필로 지었습니다. 여자는 남자를 돕는 관계 지향적으로 만들어졌습니다. 여자는 남자보다 관계 지향적인 것이 많습니다. 그래서 결과 보다는 과정을 중시합니다.

남자는 일 중심적이기 때문에 일의 성취를 아주 좋아합니다. 일도 큰 일을 좋아합니다. 작은 일은 관심이 적습니다. 작은 일은 여자에게 맡기고 큰 일을 성취하고는 인정받고 칭찬 듣기를 원합니다. 아내는 큰 일에 관심이 없고 사소한 일에 관심이 있습니다. 남편이 집안 일도 도와주고 처갓집 일도 도와주고 이런 일이 관계에서 훨씬 좋아지기 때문에 그런 도움을 얻기를 원하는데 남편은 그런 도움은 관심이 없고 큰 일만 하기를 원합니다. 이런 것 때문에 남편과 아내가 무언가 내 안에 채워지지 않는 것이 쌓이기 시작합니다.

2. 남자는 시각이 발달했습니다

예쁜 여자를 보면 눈이 자꾸 돌아갑니다. 첫 애를 낳고 애 데리고 남편과 외출을 했는데 남편의 눈이 다른 여자들에게 자꾸 돌아가는 것입니다. 그래서 아내가 너무 고민이 되어 상담을 했습니다. "이 남편하고 계속 살아도 될까요?" 답은 "네. 건강한 남편하고 사시는군요!" 시각이 뛰어난 남편은 아내가 매력적인 아내가 되기를 원합니다. 그런데 일 마치고 집에 가면 자다가 부스스한 모습으로 나오고 내복 차림으로 나옵니다. 남편이 말은 안하지만 뭔가 욕구가 채워지지 않는 속상함이 있는 것입니다.

여자는 청각이 발달했습니다. 여자의 마음에 닿는 길은 귀에 있습니다. 남편에게 다정다감한 말 듣기를 좋아합니다. 사랑한다는 말을 듣기 원합니다. 듣지 않으면 사랑을 느끼지 못합니다. 귀가 열려야 마음이 열립니다. 사랑한다는 말을 자주 해 주어야 합니다. "당신은 소중합니다". "당신은 참 아름답습니다"

3. 자주 포옹해 주십시오

여성의 몸은 남자의 몸에 비해 감각 세포가 5배가 발달했다고 합니다. 여자는 손을 잡으면 사랑의 전류가 통합니다. 스킨십을 자주 해야 합니다. 남편은 어떠할 때 사랑을 느낍니까? 남편의 마음은 뱃속에 있습니다. 남자의 많은 경우가 맛있는 음식을 많이 먹어 포만감을 느낄 때 장가 잘 갔다고 생각합니다. 남편이 좋아하는 음식을 연구하십시오.

여자는 사랑한다는 말을 좋아하지만 남자는 인정해 주고 칭찬해 주는 말을 좋아합니다. 그래서 할 수 있는 한 많은 칭찬을 해주고 인정해 주십시오. "여보 오늘도 수고 많았어요"

여자들은 말을 많이 하도록 창조되었습니다. 여자들은 무슨 말이든 열심히 하면서 모든 스트레스를 풀고 즐겁게 지냅니다. 여자들은 2만5천 단어 남자들은 1만 2천 단어를 사용합니다. 옛날에는 여자가 화병이 많았습니다. 왜냐하면 암탉이 울면 집안이 망한다고 말을 못하게 했기 때문입니다. 암탉이 울면 달걀을 낳는 법인데 무조건 막아 놓아서 그렇습니다. 왜 여자가 말이 많으냐면 과정을 설명한다고 말이 많습니다. 그러나 남자들은 언제나 과정보다도 결론과 요점이 중요합니다.

4. 부부는 대화를 많이 해야 합니다

언제부터인가 부부가 대화를 잘 안합니다. 왜 그렇습니까? 우리나라에서 대화와 언어의 잘못된 통념이 있습니다. 꼭 말해야 하나? 말해야 됩니다. 말 안하면 모르나? 모릅니다. 알 수가 없습니다. 침묵은 금이다. 천만의 말씀입니다. 금 아닙니다. 대화는 일부러 해야 합니다 시간을 내어 해야 하는 것입니다. 부부는 대화를 많이 해야 합니다. 단, 충고식 대화를 하지 마십시오. 설교식 대화를 하기 때문에 상대방이 마음을 닫아 버리는 것입니다. 상대방 이야기를 많이 경청하고 들어 주십시오. 맞장구를 쳐 주십시오. 부부간에는 들어 주는 것이 필요합니다. 성숙한 사람이 먼저 들어주어야 합니다.

▶학습문제
(1) 남자와 여자의 차이점 중에 여러분은 서로를 잘 알고 소통하고 있습니까?
(2) 새롭게 남녀의 차이를 알게 된 것은 무엇입니까?

❋ 기도
하나님 아버지, 오래 살았지만 서로 간에 너무 잘 알지 못하고 사랑하지 못한 것을 용서하옵소서. 이제 남녀의 차이를 잘 알고 더욱 사랑하는 가정이 되게 하옵소서. 예수님의 이름으로 기도합니다. 아멘

❋ 중보기도
(1) 이 땅의 가정의 기초 단위인 부부가 행복하게 하옵소서.
(2) 이 땅의 가정들이 건강하여 건강한 가정이 건강한 사회를 만들게 하옵소서.

> ▶ **만남의 준비**
> 디모데전서 3:1-7 을 읽고, 직분의 자세를 묵상해 봅시다.

23 교회 직분자의 자격(1)

성경 : 디모데전서 3:1-7(암기 요절 7절)
찬송 : 315(통, 512), 330장(통 370)
주제 : 교회 직분자의 덕목을 생각해 보면서 나를 비추어 본다.

한국 교회는 자리로 생각하는 경향이 있습니다. 직분은 명예나 계급이 아닙니다. 직분을 명예나 계급으로 생각한다면 그 자신도 망치게 되고 그 교회도 망치게 되는 것입니다. 여러분, 하나님이 직분을 세우신 것은 하나님의 일을 위해서입니다. 이 직분의 목적은 성도를 섬기는데 목적이 있습니다. 교회 직분에 합당한 사람은 어떤 사람입니까?

1. 예수 그리스도의 공로로 거듭난 자여야 합니다

거듭났다는 말은 무엇을 의미합니까? 그리스도와 죽었고 그리스도와 함께 산 사람을 거듭났다고 합니다. 나는 그리스도와 함께 죽은 사람입니까?

그렇다면 어떤 사람이 직분에 합당한 사람입니까? 그리스도와 함께 죽음을 경험한 사람이어야 합니다. 그리스도와 함께 죽음을 경험하지 못한 사람은 자꾸 자기의 의를 내세웁니다. 그렇게 되면 교회가 어려워집니다. 우리가 우리의 의를 내세우면 본인도 힘들고 교회도 어렵습니다. 그리스도와 함께 죽은 사람은 자기의 의를 내세우지 않습니다.

2. 주님의 뜻을 따르기를 힘쓰는 자여야 합니다

일꾼은 자기 뜻대로 일하지 않고 주인의 말씀과 계획에 따라 일합니다. 자신의 마음에 들지 않아도 주님이 원하실 때는 그 일을 기꺼이 감당하는 것을 말합니다.

직분자는 주님의 대리자입니다. 우리 나라의 대사를 어느 나라에 파송을 했는데 그가 우리 나라에서 보내는 훈령을 듣지 않고 본국은 나와는 상관없다고 한다면 당장 소환이 들어옵니다. 보냄을 받았다는 것은 보낸 자의 의중을 잘 헤아려야 하는 것입니다.

성경에 나오는 인물을 보십시오. 모두가 다 보낸 자의 뜻에 충성하려고 몸부림쳤던 사람들입니다. 하나님의 말씀이라면 두려워할 줄 아는 사람이어야 합니다. 삶 속에 하나님의 말씀도 없이 그냥 자기 뜻대로 사는지 하나님 뜻대로 사는지 모르는 사람이 세워지면 곤란하다는 것입니다. '아! 저분은 하나님이 하지 말라면 안하는 구나.' 이런 사람들이 주님의 종들이 되고 섬기는 자로 세워져야 합니다.

3. 겸손함이 있는 사람이여야 합니다

나 아니면 안된다고 생각하고 마음 가운데 교만이 있는 사람들은 하나님이 사용하시지 않습니다. 하나님은 그 사람에게서 촛대를 옮기십니다. 그렇다면 어떤 사람이 하나님 앞에 쓰임 받습니까? 하나님 앞에 겸손한 사람이 쓰임을 받습니다. 두려운 마음으로 교회의 성도들을 섬기는 주님의 종으로 부름 받았다는 것에 대한 두려움과 경외심을 가지고 있는 사람들이어야 합니다. 직분에 합당한 사람은 겸손하게 자기를 낮추고 오직 하나님만 바라보는 사람인 것입니다. 사역을 하고 섬기다 보면 크고 작은 어려운 일들이 많습니다. 그럴 때에 사람 바라보면 실망할 일 밖에 없습니다. 하지만 그럴 때마다 내가 주님으로부터 부름 받았고 주님께서 시키셔서 그 자리에서 그 일을 섬기고 있다는 것을 기억하십시오.

4. 교회 안에서만 인정받고 칭찬받는 사람이 아니라 교회 밖에서도 그같은 사람이어야 합니다

그 동안 우리 한국교회는 교회 안과 밖을 이원론적으로 구별했습니다. 그러나 그것은 우리들의 바른 신앙도 아니고 신학도 아닙니다. 교회 일만 잘하고 교회 안에서만 인정받는 사람은 우리 교회 좋은 직분자감으로 부족합니다. 하나님이 주신 직업에는 빈부귀천이 있을 수가 없습니다. 정말 어디서 그릇 하나를 닦아도 예수 믿는 사람은 성실하고 정직하다고 인정받는 사람이라면 좋은 직분자가 될 수 있습니다. 꼭 유명한 사람, 권세 있는 사람, 공부 많이 한 사람, 돈 많은 사람, 그런 이야기를 하는 것이 아닙니다. 세상에서 자기가 하는 일에 인정받는 사람, 제사장 노릇 감당할 수 있는 사람이 교회 직분자가 될 때 좋은 중직자가 되고 좋은 교회가 되는 것입니다. 어떤 의미에서 좋은 중직자는 교회에서 하는 일을 보고 뽑기 보다는 세상에서의 활동을 보고 뽑는 것이 옳습니다.

5. 인격이 훌륭하고 덕 있는 사람이어야 합니다

오늘 우리 사회는 똑똑한 사람은 많으나 너그러운 사람이 없습니다. 좀 너그러워야 세상이 평안한데 혼자 똑똑하고 너그럽지 못합니다. 관용 없는 지혜와 관용 없는 총명이 세상을 얼마나 피곤하게 만듭니까.

하나님, 우리 교회에 인격적으로 훌륭하고, 덕이 있는 중직자를 세워 주옵소서 라고 기도하는 여러분 되시기를 바랍니다.

▶ **학습문제**
(1) 직분자의 5가지 덕목 중에서 내가 잘되고 있는 것은 무엇입니까?
(2) 직분자의 5가지 덕목 중에서 내가 잘 안되고 있는 것은 무엇입니까?

❋ **기도**
하나님 아버지, 교회 직분자가 갖추어야 될 기본 덕목을 통해 자신을 살펴볼 수 있게 하시니 감사합니다. 부족한 부분을 하나님의 은혜로 채워주셔서 교회의 충성된 일꾼이 되도록 인도해 주시옵소서. 예수님의 이름으로 기도합니다. 아멘

❋ **중보기도**
(1) 우리 교회 직분자들이 위의 5가지 덕목을 다 갖출 수 있도록 성령으로 충만케 해 주옵소서.
(2) 우리 교회가 직분자들의 섬김으로 인해 더욱 건강한 교회가 되게 해 주옵소서.

▶ **만남의 준비**
디도서 1:5-9을 읽고, 직분자의 자세를 묵상해 봅시다.

24 교회 직분자의 자격(2)

> 성경 : 디도서 1:5-9(암기 요절 6절)
> 찬송 : 314(통 511), 323장(통 355)
> 주제 : 교회 직분자의 자격을 살펴봄으로 나의 모습을 되돌아 본다.

사도 바울이 디도를 그레데섬에 남겨 둔 것은 그레데섬 교회의 직분자들을 통하여 교회가 든든히 서가게 하는데 있습니다. 성경에서 말하는 교회 직분자의 자격이 무엇입니까?

1. 책망할 것이 없고 사소한 책망을 받을 것이 없는 것이 아니라 알려지면 직분이 부끄러울 정도의 중대한 하자가 없어야 한다는 것입니다.

2. 한 아내의 남편이며 두 아내의 남편이면 안 됩니다. 성적 순결이 직분자의 조건이며 정신적, 육체적인 결합이 있는 부부로 한 아내의 남편이어야 합니다.

3. 방탕하거나 불순종하는 일이 없는 믿는 자녀를 둔 자라야 자녀가 믿음이 충만할 수도 있고 덜 할 수도 있습니다. 그러나 여기서는 자녀가 방탕하다는 말을 들어서는 안 됩니다. 방탕은 틀이 없이, 제멋대로 행하는 것을 말합니다.

4. 하나님의 청지기로서 책망할 것이 없고 청지기란 주인과 하인 사이에 있는 집안의 집사를 가리키는 말입니다. 청지기는 주인을 대신해서 일하기는 하지만 사실은 주인은 아닌 주인에게 예속된 사람입니다. 교회에서도 마찬가지입니다. 그러나 교회 일을 하다보면 자기가 하나님의 의해 고용된 청지기일 뿐이라는 사실을 망각하기 십상입니다. 인간에게 있는 속성입니다. 청지기는 주인의 뜻을 받들어 섬기는 것입니다.

  5. 제 고집대로 하지 아니하며 진리와는 상관이 없는 무엇이든지 자기 뜻대로만 하는 자기중심적인 아집을 가져서는 안됩니다. 여기에서 말하는 제 고집대로 하는 것은 육욕적인 고집을 말하는 것입니다. 왜 이것이 남아 있겠습니까? 그것은 그 사람이 성화되지 않은 것을 보여주는 것입니다.

  6. 급히 분내지 아니하며 지도자가 되고 나면 황당한 비난과 말도 안되는 오해를 받을 때가 많습니다. 지도자에게는 인내하는 자질이 꼭 필요합니다.

  7. 술을 즐기지 아니하며 기독교는 술이 가져다주는 무절제와 해악이 무엇인지 알았기 때문에 더군다나 복음이 들어 올 때 술을 금했습니다.

  8. 구타하지 아니하며 구타하는 사람이 직분자가 되면 안 됩니다. 포학한 성격을 가진 사람이 교회 지도자가 되면 교회가 어지럽혀집니다.

  9. 더러운 이득을 탐하지 아니하며 물질 관계에 깨끗해야 합니다. 정직한 헌금 생활을 해야 합니다.

  10. 나그네를 대접하며 당시에는 나그네를 대접하는 일이 아주 중요한 그리스도인의 덕목 가운데 하나였습니다. 왜냐하면 그만큼

여행하는 사람들이 많고, 어려운 사람들이 많았다는 이야기입니다. 그래서 교회의 지도자는 이처럼 사람을 향하여 인자한 마음을 가지고 있는 자들이 교회의 지도자가 되어야 하는 것입니다.

11. 선행을 좋아하며 선행을 좋아한다는 것은 그 사람이 선한 사람이라는 뜻입니다. 선한 사람이 지도자가 되어야 합니다.

12. 신중하며(근신하며) 항상 어디서든지 하나님이 자기를 지켜보고 계시다는 것을 믿고 두려움 속에서 조심한다는 뜻입니다. 하나님의 일을 할 때는 적절하게 긴장이 되어 있어야 합니다.

13. 의로우며 여기서 의롭다는 것은 삶의 모든 표준을 하나님의 말씀에 두고 살아감으로 말미암아 획득하게 된 인격적인 특성을 말합니다. 손해가 나도 하나님의 법대로 살고 고난이 와도 하나님의 말씀 중심적으로 사는 생활에서 온 의로움을 이야기하는 것입니다.

14. 거룩하며 이 거룩도 하나님의 말씀과 성령으로 말미암아 거룩하게 됩니다. 성도의 아름다운 변화는 모두 성령과 말씀으로 변화된 것만이 의미가 있는 것입니다.

15. 절제하며 말을 절제해야 합니다. 어떤 사람들을 보면 말을 함부로 막 합니다. 그래서 시험에 든 교회의 한 복판에 들어가 보면 그곳에는 항상 말의 시험이 있습니다.

교회 직분자는 말에 절제가 있는 사람이어야 합니다.

▶학습문제

(1) 직분자의 자격 중에서 내가 잘 갖추고 있는 것은 무엇입니까?
(2) 직분자의 자격 중에서 내가 아직 갖추지 못한 것은 무엇입니까?

🌿 기도

하나님 아버지, 교회 직분자가 갖추어야 될 15가지를 하나하나 점검하면서 하나님 앞에 합당한 직분자로 세워져 가게 해 주옵소서. 예수님의 이름으로 기도합니다. 아멘

🌿 중보기도

우리 교회 직분자들이 15가지 덕목을 다 갖출 수 있도록 은혜 베풀어 주옵소서.

> ▶ **만남의 준비**
> 에베소서 2:13-14을 읽고, 하나됨에 대하여 묵상해 봅시다.

25 하나 되게 하소서

> 성경 : 에베소서 2:13-14(암송 요절 14절)
> 찬송 : 208(통 246), 210장(통 245)
> 주제 : 교회는 하나가 될 때 생명력이 풍성하고 부흥한다.

우리나라 사람들에게는 많은 장점이 있습니다. 우리 민족처럼 부지런한 민족이 없습니다. 머리 회전도 빠르고 일하는 속도도 빠릅니다. 그런데 우리 민족에게는 장점 못지않게 단점이 많습니다. 그 중에 대표적인 것이 하나 되지 못한다는 것입니다. 개인적으로 만나보게 되면 사람이 좋고 다 능력 있고 보통 사람이 아닌데 여러 사람 모아 놓으면 꼭 싸우고 갈라섭니다. 안타까운 것은 세상 사람만 그런 것이 아니라 믿는 사람도, 교회도 마찬가지라는 것입니다.

우리 주님의 소원은 하나 됨입니다. 요한복음 17장 마지막 기도에서 예수님은 "아버지와 제가 하나된 것 같이 이들도 하나되게 하소서"라고 하셨습니다. 십자가 사건은 모든 벽을 허물어 공동체를 이루어내게 하는 그런 복음입니다.

1. 우리는 홀로 있는 것을 조심해야 합니다

사탄은 아담이 하와와 함께 있지 않은 순간을 노렸습니다. "근신하라 깨어라 너희 대적 마귀가 우는 사자 같이 두루 다니며 삼킬 자를 찾나니"(벧전 5:8) 마귀는 삼킬 자를 찾아 두루 다닙니다. '삼킬 자'란 말은 복수가 아니고 단수입니다. 반드시 기도의 짝을 만들고, 믿음의 동역자를 만들고, 소그룹 안으로 들어가십시오. 혼자 왔다가 조용히 가면 마귀의 밥이 됩니다. 사탄이 주로 하는 전문 사역이 성도들로 하여금 흩어지게 하고 홀로 있게 하고 홀로 있을 때 잡아먹습니다.

기독교 신앙은 홀로 산에서 도를 닦는 종교가 아닙니다. 기독교의 영성은 공동체 영성입니다. 여러분, 홀로 교회를 왔다 갔다 하지 않기를 바랍니다. 교회 안에 반드시 교제권를 만들어야 됩니다. 교회는 마음을 모두어 함께하며 아름다운 공동체가 아름답게 세워지게 될 때 무슨 일이든 할 수 있을 것입니다.

"한 사람이면 폐하겠거니와 두 사람이면 맞설 수 있나니 세 겹 줄은 쉽게 끊어지지 아니하느니라"(전 4:12) 이것이 성경의 중요한 원리입니다. 특별히 한국 교회는 모임 가운데서 부흥이 일어났습니다. 잘 모일 때가 한국 교회 최고의 부흥기였습니다.

성령님이 역사하실 때 특징이 무엇인가 하면 잘 모이는 것입니다. 잘 모이면 그 교회는 되는 것입니다. 모임 가운데 성령님이 역사하십니다. 모임 가운데 임하시는 성령님 이것은 독특한 것입니다. "그들이 모였을 때에"(행 1:6), "모인 무리의 수가 약 백이십 명이나 되더라"(행 1:15), "오순절 날이 이미 이르매 그들이 다 같이 한 곳에 모였더니"(행 2:1), "믿는 사람이 다 함께 있어"(행 2:44), "날마다 마음을 같이하여 성전에 모이기를 힘쓰고"(행 2:46)와 같이 모임 가운데 모여있는 가운데 성령님이 임하셨다는 것입니다.

2. 하나님은 공동체에 관심이 많습니다

성도들의 모임 가운데 성령님이 역사하십니다. "두 세 사람이 내 이름으로 모인 곳에는 나도 그들 중에 있느니라"(마 18:20) 그들 가운데 있겠다고 하십니다.

공동체 안에 있으면 그 중요성을 그 안에서는 잘 모릅니다. 그러나 그것을 벗어나 보면 이 공동체가 있다는 것이 얼마나 축복인지 알 수 있습니다. 교회의 교회됨의 진수는 너무나 다양한 공동체가 하나가 되는 것입니다. 너무 다양한데도 하나가 되는 것입니다.

로마 교회 구성원들은 유대인과 이방인들이 함께 교회를 구성하고 있습니다. 하나 될 수 없는 가장 대표적인 관계가 유대인과 이방인입니다. 그러니까 로마 교회는 복음이 복음 된 증거가 나타난 교회입니다. 그리고 노예와 귀족들이 하나가 되었습니다. 이들이 형제자매하는 것은 십자가가 십자가여야 하는 것입니다. 예수님의 십자가는 우리 안에 있는 모든 장벽을 다 무너뜨립니다. 로마 교인들을 보면 진짜 십자가 복음으로 선 진짜 교회를 만들어 냅니다. 진짜 십자가를 통과한 사람들의 기준이 무엇인가 하면 용서하고, 사랑하고, 하나 되는 것입니다.

3. 좋은 공동체는 긴밀하게 연관된 소그룹을 의미합니다

이런 공동체를 만들려고 하면 어떻게 해야 합니까? 성령 충만해야 합니다. 성령이 뜨겁게 역사하는 곳은 수용성이 커집니다. 인종차별이 없습니다. 그래서 내가 친한 사람과만 친하다는 것은 내가 미성숙하다는 것을 말합니다. 성숙하다는 표현은 모든 사람과 아름답고 편안한 관계를 만들어가는 능력을 가졌다는 것입니다. 만약에 성령 충만하지 않으면 이기심에서 벗어날 수가 없습니다. 개인주의를 벗어나지 못합니다. 성령 충만하지 않은 자의 삶의 결국은 자기만을 위해서 살다가 죽게 되는 것입니다. 그러나 성령 충만하여 자기라는 세계에서 빠져나와 우리라는 공동체 안에 깊이 들어가서 헌신하고 기여하게 될 때 날이 갈수록 더 멋있는 삶을 살 수 있습니다.

▶학습문제
(1) 하나 되지 못하면 사탄이 공격합니다. 그런 경험을 해보았습니까?
(2) 교회는 십자가로 하나 되고 성령 충만으로 이기심이 해체되고 수용성이 커져서 하나 되어야 합니다. 여러분이 속한 공동체는 하나 됨이 잘 되고 있습니까?

✻ 기도
하나님 아버지, 주님의 소원이 교회의 하나 됨인데 십자가를 사이에 두고 철저하게 하나 되게 해 주옵소서. 모두가 성령의 충만함 속에 이기심이 해체되고 수용성이 넓어져서 다 품어내게 하옵소서. 예수님의 이름으로 기도합니다. 아멘

✻ 중보기도
(1) 우리 가정과 교회가 하나 되게 해 주옵소서.
(2) 우리 민족이 하나 되고, 모두가 하나를 만들어내는 화평케하는 자가 되게 해 주옵소서.

> ### ▶ 만남의 준비
> 로마서 12:3-5을 읽고, 교회에 대하여 묵상해 봅시다.

26 교회의 통일성과 다양성

성경 : 로마서 12:3-5(암기 요절 3절)
찬송 : 213(통 348), 212장(통 347)
주제 : 교회는 은혜로 통일되고 은사로 다양할 때 건강한 교회가 된다.

"내게 주신 은혜로 말미암아 너희 사람에게 말하노니 마땅히 생각할 그 이상의 생각을 품지 말고 오직 하나님께서 각 사람에게 나누어주신 믿음의 분량대로 지혜롭게 생각하라"(롬 12:3) 사도 바울과 모든 교인들, 온 세대를 막론하고 모든 성도들의 공통점은 은혜받은 사람이라는 것입니다.

우리의 공통점은 은혜받은 사람입니다. 그렇기 때문에 모든 장벽이 다 철폐된 것입니다. 남자든 여자든 잘난 사람이든 못난 사람이든 가진 자든 못가진 자든 높은 자든 낮은 자든 은혜받은 사람은 다 장벽이 무너져야 됩니다.

1. 교회의 통일성은 은혜이고, 교회의 다양성은 은사입니다

다양성과 통일성이 있을 때 교회는 활력 있는 공동체, 능력 있는 공동체, 아름다운 공동체가 됩니다. 다양성은 있는데 통일성이 없다 그러면 복잡합니다. 통일성은 있는데 다양성은 없다 그러면 군대조직 같이 획일적인 것입니다.

'각 사람에게 말하노니' 이것은 각 사람에게 역할과 책임을 주셨다는 것입니다. 모든 사람에게 하나님께서 은사를 주셨습니다. 그러기에 모든 사람에게 역할과 책임이 있습니다.

예수님은 이 땅에 무엇을 남기셨습니까? 예수의 사람들을 남기셨습니다. 그렇게 많지 않은 한 줌 밖에 안되는 사람들을 남기셨습니다. 이 사람들을 교회라고 말합니다. 예수님은 이 땅에 교회를 남기시고 하늘로 승천하셨습니다. 예수님께서는 하나님 나라를 확장시키는 이 위대한 일을 교회에 일임하시는 계획을 세우신 것입니다. 우리가 볼 때는 이것은 위태롭기 짝이 없는 계획입니다. 예수님의 방법은 그리스도인 안에서 예수님이 보이도록 하는 것입니다. 그것은 그때나 지금이나 동일합니다. 우리 교회가 그리스도의 몸으로서 그리스도를 보이도록 하는데 쓰임 받고 있는지 깊이 되돌아보고 그 일을 위하여 더욱 더 회개하고 돌이키며 성령님을 의지 할 수 있어야 합니다.

"우리가 한 몸에 많은 지체를 가졌으나 모든 지체가 같은 기능을 가진 것이 아니니 이와 같이 우리 많은 사람이 그리스도 안에서 한 몸이 되어 서로 지체가 되었느니라"(롬 12:4-5) 교회를 그리스도의 몸에 비유한 것입니다. 교회의 머리는 그리스도이고 교회는 그리스도의 몸입니다. 우리는 그리스도 안에서 한 몸입니다. 그럴 뿐만 아니라 이 몸 안에 많은 지체가 있고 많은 직분이 있다고 말씀합니다. 우리는 한 몸이기에 통일된 공동체이고, 많은 지체와 많은 직분이 있기 때문에 다양한 공동체인 것입니다.

"너희는 그리스도의 몸이요 지체의 각 부분이라"(고전 12:27), "만일 온 몸이 눈이면 듣는 곳은 어디며 온 몸이 듣는 곳이면 냄새 맡는 곳은 어디냐 그러나 이제 하나님이 그 원하시는 대로 지체를 각각 몸에 두셨으니 만일 다 한 지체 뿐이면 몸은 어디냐"(고전 12:17-19) 온 몸이 눈만 있으면 괴물이라고 말하는 것입니다.

2. 교회는 획일성이 아니라 통일성이 필요합니다

차별은 버려지고 차이는 누려지는 공동체입니다. 그리스도의 몸으로 첫 번째는 책임이 있고, 두 번째는 존중이 필요한 것입니다. '나는 필요 없어.' 라는 생각은 '너는 필요 없어. 너는 없어도 돼'라고 말하는 것과 같습니다. 이 양극단을 비판해야 되는 것입니다. 첫 번째 문제가 비관하는 것이라면 두 번째 문제는 비판하는 것입니다. 비관 대신에 '나도 필요해, 나도 책임이 있어.' 라고 말해야 하고 비판하는 대신에 존경이 필요합니다.

3. 교회는 예의가 있어야 합니다

서로 갖추어야 될 예의가 있습니다. 연소한 사람도 연장자에게 갖추어야 될 예의가 있고, 연장자도 연소한 사람에게 갖추어야 될 예의가 있습니다. 교회에서 성도가 목회자에게 갖추어야 될 예의가 있고, 목회자가 성도에게 갖추어야 될 예의가 있습니다. 예의는 일 방적이지 않습니다. 상호간에 갖추어야 될 예의가 있습니다. 그런데 의도하지 않았던 의도했던 간에 무례하게 말할 때가 있습니다. 특별히 예의를 갖추어야 될 대상은 지극히 작은 자입니다. 예수님은 지극히 작은 자 하나에게 한 것이 내게 한 것이라고 하셨습니다. 목회자를 대하는 태도가 주님을 대하는 태도와 일치하는 것이 아니라 지극히 작은 자 하나에게 하는 것이 주님을 대하는 태도와 일치하는 것입니다.

▶학습문제

(1) 교회는 은혜로 하나 된 통일성이 있고 은사로 다양성이 있습니다. 여러분은 교회가 통일성과 다양성이 조화를 잘 이루고 있다고 생각합니까?

(2) 교회는 은사를 다 가졌기에 책임성과 은사가 다르지만 서로 존중하고 예의를 갖추어야 합니다. 여러분은 은사를 가지고 책임을 다하고 있으며 또 나와 다른 은사를 존중하고 있습니까?

✿ 기도

하나님 아버지, 나의 은사가 무엇인지 발견하고 책임을 다하게 해 주옵소서. 또 나와 다른 은사를 존중하고 예의를 갖추게 하옵소서. 예수님의 이름으로 기도합니다. 아멘

✿ 중보기도

(1) 우리 교회가 통일성과 다양성이 조화를 이룬 교회가 되게 해 주옵소서.

(2) 우리 교회가 건강한 교회가 되어 이 시대에 민족과 열방의 빛과 소금이 되게 해 주옵소서.

▶ 만남의 준비

요한복음 1:29-34을 읽고, 성령님에 대해 묵상해 봅시다.

PART 4

김병삼 목사 편

7월 성령충만으로 새롭게 되는 달

27. 잃어버린 성령님을 찾으십시오
28. 성령님께 초점을 맞추십시오
29. 성령님과 친해지십시오
30. 성령님께 물어야합니다
31. 성령님이 임하실 때

8월 하나님 음성을 듣는 달

32. 하나님 음성은 순종하기 위해 듣는 것입니다
33. 하나님은 다양한 방법으로 말씀하십니다
34. 하나님 음성을 들으려면 겸손과 인내가 필요합니다
35. 하나님 음성을 분별하십시오

27 잃어버린 성령님을 찾으십시오

> 성경: 요한복음 1장 29-34절(암기 요절 32절)
> 찬송: 182(통 169), 187장(통 171)
> 주제: 성령님과 동행하는 삶은 죄를 멀리하는 것에서부터 출발합니다. 성품의 훈련을 통해 날마다 성령님과 동행하는 믿음의 삶을 결단해 봅시다.

우리가 성령님을 잃어버리는 이유는 무엇일까요? 히브리서를 보면 하나님이 우리와 함께 하시겠다는 약속의 말씀과 더불어 '돈'을 사랑하지 말라는 권면의 말씀을 같이 말하고 있습니다. "돈을 사랑하지 말고 있는 바를 족한 줄로 알라 그가 친히 말씀하시기를 내가 결코 너희를 버리지 아니하고 너희를 떠나지 아니하리라 하셨느니라"(히 13:5) 여기서 '돈'은 단순히 물질만을 의미하는 것은 아닐 것입니다. 우리들 속에 있는 모든 욕망은 늘 하나님과 대척점에 서 있고, 하나님 없이 행하는 일들은 자연스럽게 육신의 정욕에 따라 흘러갈 수 밖에 없음을 알아야 합니다.

1. 은혜의 장애물을 찾으십시오

바울은 데살로니가 교회를 향해 "성령을 소멸치 말라(살전 5:19)"고 권면합니다. 우리에게 오신 성령님을 우리가 소멸할 수 있다는 것이 무슨 뜻일까요? 이는 우리의 의지에 따라 계속해서 우리

속에 성령님이 역사하시도록 할 수도 있고, 그 불을 끌 수도 있다는 말입니다. 이처럼 우리 속에 성령의 불이 꺼지도록 하는 가장 강력한 장애물이 바로 '죄' 입니다.

사사기를 보면 악행을 반복했던 이스라엘 백성의 패턴이 나와 있습니다. "그 때에 이스라엘에 왕이 없었으므로 사람이 각기 자기의 소견에 옳은 대로 행하였더라"(삿 21:25)여기에서 '왕'은 단순히 세상 권력을 가진 지도자를 뜻하는 것이 아닙니다. 당시 이스라엘 백성들이 그들의 삶을 주관하는 주인이 없어 자신들의 뜻대로 행하였다는 것입니다. 우리는 이 사사시대를 가리켜 하나님의 뜻이 보이지 않으므로 죄악이 넘쳐났던 '암흑의 시대' 라고 부릅니다.

정말 위험한 것은 우리가 잃어버린 성령님의 임재를 의식하지 못한 상황 속에서도 계속해서 하나님의 일을 할 수 있다는 것입니다. 성령님과 동행하다가 어느 순간엔가 성령님 없는 자신을 발견하게 되었을 때 우리에게 찾아오는 감정이 '허무함' 이고, 많은 그리스도인들이 이 허무함을 채우기 위해 쉽게 죄의 유혹에 굴복하게 됩니다. 미국의 통계이기는 하지만 하나님께 쓰임 받던 사역자들의 75%가 성적인 유혹에 굴복하여 기름 부음을 잃고 사역을 하다 망하게 된다는 것입니다. 우리의 삶에 성령님이 계시는지, 아니면 성령님이 함께 하신다는 착각을 한 채 죄의 자리에 머물러 있는지 날마다 물을 수 있어야 합니다.

2. 성령님이 머물 수 있는 성품의 훈련을 받으십시오

마틴 로이드 존스는 '성령님은 걸어오셨다가 말을 타고 떠나신다.'라는 청교도의 말을 인용했습니다. 그만큼 성령님은 민감하시며 작은 일에도 슬퍼하신다는 것입니다.

R.T.캔달은 그의 책 「성령을 소멸치 않는 삶」에서 두 종류의 비둘기를 구분해 설명합니다.

우리가 보통 만나는 비둘기는 공원이나 길거리에서 만나는 것입니다. 우리가 먹이를 주면 모이기도 하고, 사람이 와도 쉽게 도망가지 않습니다. 이런 비둘기를 가리켜 피존(peason)이라고 합니다. 하지만 성령님을 의미하는 비둘기는 피존과는 달리 도브(dove)라고 하는데 절대로 사람들이 많은 도시에는 날아오지 않습니다. 우리는 똑같은 비둘기로 알고 있지만 사실 피존과 도브는 아주 다릅니다.

피존은 서로 싸우는데 반해, 도브는 절대 싸우지 않고 조용하며 매우 순합니다. 피존은 소음에 별로 개의치 않는데 반해, 도브는 시끄러운 소리에 아주 민감합니다. 피존은 아주 강한 귀소본능이 있어 훈련이 가능하지만, 도브는 길들여지지 않습니다.

성령님을 상징하는 '도브'가 민감하다는 것을 통해, 우리의 신앙이 '민감성'을 잃어버리는 순간 성령님이 떠나간다는 것을 알아야 합니다. 우리가 세상에 마음을 빼앗겨 어지러워질 때 거하실 수 없다는 것입니다. 어쩌면 성령을 받는 것도 중요하지만 성령님이 우리의 삶에 머무르도록 하는 것은 더욱 중요합니다. '성령의 기름 부음'은 단순히 뜨거움과 체험으로 설명될 수 있는 것이 아니라, '도브'이신 성령님이 머물 수 있는 성품의 훈련이 있을 때 비로소 경험될 수 있습니다.

▶학습문제

(1) 우리 안에 함께하시는 성령님이 소멸되는 이유는 무엇입니까?
　답 : 성령님이 거하시지 못하도록 하는 은혜의 장애물은 '죄'의
　　　 문제를 해결하지 않는 데 있다.

(2) '도브' 이신 성령님이 내안에 머무시기 위해 준비해야할 것은 무엇입니까?
답 : 민감한 성령님이 머무실 수 있는 성품의 훈련이 필요하다.

❋ 기도
하나님, 성령님의 기름부음이 가득한 삶 되기를 소망합니다. 나의 죄의 문제를 점검하고, 하나님이 기뻐하실 수 있는 성품의 훈련을 통해 성령님과 동행하는 믿음의 자녀 되게 하옵소서.

❋ 중보기도
(1) 우리 구역에 속한 모든 가정이 성령님을 사모하는 마음을 갖고 죄와 싸워 이기게 하소서.
(2) 우리 교회가 성령님의 임재를 경험하고, 날마다 부어주시는 성령의 충만함으로 세상을 변화시키는 교회의 사명을 감당하게 하소서.

▶ 만남의 준비
에베소서 4장 30-32절을 읽으며 성령님의 역사를 경험하기 위해 우리의 초점을 어디에 두어야할지 생각해봅시다.

28 성령님께 초점을 맞추십시오

> 성경: 에베소서 4장 30-32절 (암송 요절 30절)
> 찬송: 183(통 172), 409장
> 주제: 성령 충만한 삶은 상황에 흔들리지 않고 끝까지 주님만 바라보기로 결정하는 것입니다. 이해가 되지 않은 상황 속에서도 하나님의 뜻에 순종하기로 결단해 봅시다.

성령님이 근심하는 일이 무엇일까요? 구원의 그 날까지 우리가 성령님과 동행하지 못하는 것입니다. 다른 말로 하면 성령님의 마음과 우리의 마음이 동일하지 않은 것입니다. 그와 반대로 성령님을 기쁘시게 하는 일은 무엇일까요? 앞선 답을 바꿔 생각해보면 쉽습니다. 정답은 성령님의 생각에 우리의 생각을 맞추는 것입니다. 즉, 초점을 맞추는 것입니다.

1. 주님을 바라보기로 결정하십시오

마태복음 14장에는 물 위를 걸으시는 기적의 사건이 나옵니다. 예수님께서 물 위를 걸으시는 모습을 보고 베드로도 물 위를 걷기 원했습니다. 예수님께서 베드로에게 물위로 걸어오라고 말씀하셨고 베드로는 걷기 시작합니다. 그러나 기적은 잠시였고, 베드로는 곧 풍랑을 보고 두려워하며 물에 빠지게 됩니다. 그 때 예수님께서 베드로를 다음과 같이 책망하십니다.

"믿음이 작은 자여 왜 의심하였느냐?"(마 14:31) 여기에서 질책하는 믿음의 문제가 무엇일까요? 많은 사람들이 가지고 있는 '믿음'에 대한 오해가 있습니다. 믿음이 있으면 무엇이든 할 수 있으리라는 착각입니다. 그래서 베드로가 물 위를 걷게 된 사건을 보면서도 믿음이 있으면 할 수 있는 일인데도, 베드로에게 믿음이 없어져서 물에 빠졌다고 생각합니다. 하지만 베드로가 물 위를 걸은 것은 믿음의 능력이 아니라, 근본적으로 '예수님의 능력'이라는 것을 알아야 합니다. 중요한 것은 우리가 '예수님의 능력'을 철저히 의지할 때, 우리의 시선이 주님을 향할 수 있다는 사실입니다. 베드로가 두려운 마음을 갖게 된 보다 더 근본적인 이유는 예수님을 바라보던 그의 초점이 바뀌어 바람과 풍랑을 바라보았다는 것입니다.

신앙 생활을 하다보면 능력을 행하시는 하나님의 기적, 삶을 풍성하게 하는 열매들을 경험하며 주님을 바라보게 됩니다. 그러나 삶의 모든 시간이 평탄하지만은 않습니다. 어느 한 순간 주님을 대적하는 세상의 풍파가 일면 이전에 믿음이 있었나 싶을 정도로 우리의 초점이 흔들리기 시작합니다. 주님을 믿지 않는 것은 아닌데, 나에게 믿음이 없는 것도 아닌데 자꾸 초점이 흐려지는 것입니다. 바람을 보고 두려워한다고 그 두려움의 문제가 해결되지는 않습니다. 오히려 우리의 마음이 요동치고, 두려움으로 흔들릴 때 우리가 선택해야 하는 것은 주님만을 바라보기로 결정하는 것입니다.

2. 성령님께 초점을 맞추는 것은 '순종'의 훈련입니다

성령님께 초점을 맞춘다는 것은 결과에 대한 예측이 아니라, 그 일에 대한 하나님의 마음이 있는지를 확인하는 것입니다.

"서로 친절하게 하며 불쌍히 여기며 서로 용서하기를 하나님이

그리스도 안에서 너희를 용서하심과 같이 하라"(엡 4:32)

　오늘 본문 32절을 보면 우리가 기대하는 어떤 결과도 나와 있지 않습니다. 단지 그렇게 하라는 명령만이 있을 뿐입니다. 초점을 맞추는 훈련이란 우리의 인생에서 꿈꾸는 완벽한 계획이나 그 일에 대한 결과에 대한 예측이 아니라 하나님의 말씀에 순종하는 것이 '최선'이라는 것을 깨달아 가는 것입니다.

　성령님께서는 어떤 일을 행하실 때 그분이 아시는 모든 것을 우리들에게 전부 이야기하지 않으십니다. 왜냐하면 우리들이 그것을 다 이해할 수 없기 때문입니다. 그래서 성령님은 우리들이 필요한 때에 필요한 만큼만 말씀하십니다. 출애굽 당시 이스라엘 백성들은 광야에서 움직일 때 어디로 가는지 알지 못한 채 구름기둥과 불기둥만 보고 따라갔습니다. 그런 생각을 해봅니다. 때로는 구름기둥과 불기둥이 움직이지 않는 시간, 그래서 아무것도 할 수 없던 그 시간이 그들에게 얼마나 힘들었을까요? 때로 하나님께서는 '왜?'라는 설명보다는 우리의 순종을 통해 하나님의 일하심을 경험하기 원하십니다. 중요한 사실은 성령님께서 우리에게 맞추시는 것이 아니라, 우리가 순종을 통해 성령님께 초점을 맞춰야한다는 것입니다.

▶학습문제

(1) 인생에서 만나는 문제로 우리 마음이 두려움으로 흔들릴 때 어떻게 해야할까요?
　답 : 문제를 바라보지 않고 주님만 바라보기로 결정해야 합니다.
(2) 성령님께 초점을 맞추는 훈련은 어떤 의미를 담고 있습니까?
　답 : 하나님의 말씀에 순종하는 것이 내 삶을 향한 '최선'이라는 것을 깨닫는 것입니다.

🌱 기도

하나님, 거대한 세상의 파도 앞에서 흔들리지 않고 주님만 바라보길 원합니다. 성령님께 초점을 맞출 때 날 향하신 하나님의 뜻에 순종하게 하시고, 성령님의 일하심을 경험하게 하옵소서.

🌱 중보기도

(1) 세상의 파도 앞에서 두려움과 낙심 가운데 있는 내 이웃을 위해 기도합니다. 모든 상황 속에서 주를 바라보기로 결정할 때 문제보다 더 크신 하나님을 만나게 하소서.

(2) 주님의 몸 된 교회에 세워진 목회자들과 평신도 리더들이 사람의 계획대로 교회를 운영하지 않고, 하나님의 경영하심에 순종하며 성령님께 초점을 맞추는 주의 도구 되게 하소서.

▶ 만남의 준비

에베소서 5:8-14을 읽고 한순간의 경험이 아닌 지속적으로 성령님과 동행하기 위해 어떤 삶을 살아야 할지 생각해 봅시다.

29 성령님과 친해지십시오

> 성경: 에베소서 5장 8-14절 (암송 요절 10절)
> 찬송: 191(통 427), 455장(통 507)
> 주제: 성령 충만한 삶은 성령님과 지속적이고 인격적인 만남을 통해 알아가고 친해지는 과정입니다. 성령님을 기쁘시게 하는 믿음의 태도를 배우고 결단해 봅시다.

누군가와 동행을 시작하면 우리는 그 사람에 대하여 잘 알아가기 시작합니다. 그 사람이 좋아하는 것, 그리고 싫어하는 것이 무엇인지 말입니다. 문제는 그것을 알기까지는 많은 시행착오를 겪게 된다는 것이죠. 하지만 내가 동행하는 사람을 기쁘게 해야 한다는 것이 분명하다면, 결국은 그러한 시행착오들을 통해 나를 교정하게 됩니다. 그리고 깨닫게 됩니다. 내가 소중하게 여기는 사람을 기쁘게 하면 결국 나도 기뻐진다는 것을 말입니다. 그 때, '친함'은 계속됩니다. 깊은 교제 가운데 기쁨이 깊어지기 시작합니다.

1. 성령님이 무엇을 기뻐하실지 생각하십시오

이어령 교수의 한 책에 재미있는 이야기가 소개됩니다. 옛날 어느 시골에 수염을 길게 기르고 다니는 할아버지 한 분이 계셨습니다. 그런데 그 동네에 사는 한 꼬마는 할아버지를 볼 때마다 궁금한 점이 있었습니다. 어느 날 할아버지를 만나자 그 꼬마는 이렇게 물었습니다. "할아버지는 밤에 주무실 때 그 수염을 이불 속에 넣고 주무세요? 아니면 밖에 내놓고 주무세요?" 할아버지는 아이의 질문을 받고 금방 대답할 수 없었습니다. 이제껏 그런 생각을 해본 일이 한 번도 없었던 것입니다. 그래서 "얘야, 미안하다. 나도 미처 생각을 못한 일인데 오늘 밤에 한번 자 보고 대답해 주마"하고는 그냥 돌려보냈습니다. 드디어 밤이 되어 잠자리에 누웠는데, 이불 속에 넣고 자자니 답답하고 내놓고 자자니 이상하고 해서 밤새도록 수염을 가지고 씨름했다고 합니다. 30년 동안 달고 다닌 수염이지만, 잘 때 그것이 이불 속에 있었는지 밖에 있었는지 미처 생각을 않고 있다가 그것을 의식하게 되자 그렇게 불편하더라는 것입니다.

오늘 본문 말씀 10절을 보니 '주를 기쁘시게 할 것이 무엇인가 시험하여 보라'고 말합니다.

여기에서 '시험해 보라'는 말이 아주 중요합니다. 단순히 유혹에 빠뜨리는 시험이 아니라 '실험' 해 보라는 것입니다. 실험은 한 번에 성공하는 것이 목적이 아닙니다. 여러 가지 시도를 통해 실패를 경험하게 되지만, 그런 과정을 통해 조금씩 진실에 근접하게 되는 것입니다. 유진 피터슨의 메시지 성경에서는 시험하라는 말을 '생각하고 그것을 행하십시오.'라고 표현하고 있습니다. 신앙은 결과가 아니라 과정입니다. 성령님이 기뻐하시는 일이 무엇인지 알아가고, 생각하며 조금씩 맞춰가는 것입니다.

2. 그 분을 따르려는 마음이면 충분합니다

리 스트로벨의 책 「은혜, 은혜, 하나님의 은혜」를 보면 '자비'와 '은혜'의 차이를 다음과 같이 설명하고 있습니다.

"기독교의 하나님은 그냥 '네가 한 일에 대해 너를 벌하지 않겠다.'라고 하시는 게 아닙니다. 그건 자비지요. 그분은 극적으로 한 걸음 더 나아가 우리에게 영광스러운 것을 주십니다. 완전한 용서와 영원한 삶을 순전히 선물로 주십니다. 이건 마치 나쁜 짓을 하다 걸린 아이를 부모가 그냥 봐주는 정도가 아니라 한없이 사랑하기에 아이스크림까지 주는 것과 같습니다."

　하나님의 은혜를 경험하지 않은 사람들에게 절대자와 친해진다는 것은 무던한 노력과 부담이 존재합니다. 그러나 기독교에서의 '동행'이란 진정으로 기뻐하는 마음이면 됩니다. 그 분을 기쁘시게 하려는 의무가 아니라, 그분을 기쁘시게 하려는 기쁜 마음이면 충분한 것입니다. 하나님과 인간 사이의 간극은 절대로 우리의 노력으로는 메워질 수 없기 때문입니다. 지금은 그 분의 마음을 잘 모를 수도 있지만 동행하면서 점차 알게 될 것입니다. 그 마음이 분명하다면 성령님은 우리를 기다려 주시고 가르쳐 주실 것입니다. 우리가 성령님이 기뻐하시는 것을 '시험'하는 삶을 살아갈 때 말입니다.

▶학습문제

(1) '주를 기쁘시게 할 것이 무엇인가 시험한다.'는 것은 어떤 뜻입니까?
　　답 : 성령님이 기뻐하시는 일이 무엇인지 알아가고, 생각하며 조금씩 맞춰가는 것입니다.
(2) 기독교에서 '하나님과의 동행'이란 어떤 의미를 갖고 있습니까?
　　답 : 하나님을 기쁘시게 하려는 의무의 마음이 아니라, 그분을 기쁘시게 하려는 기쁜 마음으로 나아가는 것입니다.

❋ 기도

　하나님, 나의 노력과 열심만으로 주님 앞에 나아갈 수 없음을 고백합니다. 오직 성령님의 기쁨이 되길 원하는 마음으로 주님 앞에 설 때에 나에게 더 가까이 다가오시는 하나님의 놀라운 은혜를 경험하게 하옵소서.

중보기도
(1) 이 나라에 세워진 믿음의 위정자들이 '자기의 소견' 대로 정치하지 않게 하시고, 맡겨진 권위를 올바로 사용하여 하나님이 기뻐하시는 위정자들이 되게 하소서.
(2) 함께 신앙생활하는 구역(속회/소그룹) 성도들을 위해 기도합니다. 성령의 기름부음에 대한 갈망으로 주님 앞에 나아갈 때 성령님과 더 깊은 교제를 경험하게 하소서.

▶ **만남의 준비**
이사야 45장 14-17절을 읽고 성령님과 동행하기 위해 성령님의 뜻을 묻는 삶이 어떤 것인지 생각해 봅시다.

30 성령님께 물어야 합니다

> 성경: 이사야 45장 14-17절 (암송 요절 15절)
> 찬송: 288(통 204), 364장(통 482)
> 주제: 하나님이 숨으시는 이유는 하나님을 찾고, 그분의 뜻을 구하도록 하기 위함입니다. 삶의 다양한 문제 앞에서 성령님의 뜻을 묻는 믿음의 관점을 배워봅시다.

"구원자 이스라엘의 하나님이여 진실로 주는 스스로 숨어 계시는 하나님이시니이다"(사 45:15) 이사야 선지자는 하나님을 '숨어계신 분'으로 고백하고 있습니다. 하나님이 숨으시는 이유는 우리로 하여금 하나님을 찾지 못하게 하려는 것이 아니기 때문입니다. 어린 시절 자주 했던 '숨바꼭질' 놀이가 있습니다. 술래가 말을 합니다. "꼭꼭 숨어라 머리카락 보일라" 숨바꼭질 놀이는 어렵게 숨을수록 재미있습니다. 숨는 사람은 숨는 재미를, 찾는 사람은 찾는 재미를 경험할 수 있기 때문입니다. 이처럼 하나님께서도 숨어계심으로 인해 우리들이 하나님을 전심으로 찾도록 하십니다. 유진 피터슨은 표현합니다. 하나님께서 숨어 계시다는 것은 아무 것도 하지 않고 계시다는 것이 아니라, 우리가 볼 수 없는 곳에서 여전히 일하고 계시다는 뜻입니다.

1. 하나님께 묻지 않기에 세상에 속는 것입니다

우리가 세상에 속아 넘어가는 이유는 하나님께 묻지 않기 때문입니다. 구약성경 여호수아에는 이스라엘 백성들이 가나안을 점령해 가는 과정이 잘 기록되어 있습니다. 그들은 하나님의 명령을 따라 정탐꾼을 보냈고, 법궤를 앞세워 요단강을 건넜습니다. 강력한 적을 앞에 둔 여리고 진영 앞에서 할례를 받았고, 하나님이 계획하신 방법에 순종해 여리고 성도 함락시켰습니다. 문제는 모든 것이 성공적으로 끝난 것처럼 보이는 순간, 이제는 하나님의 도우심이 아니어도 할 수 있겠다고 생각한 바로 그 때 일어났습니다. 여리고 성을 함락시킨 후 아간이 승리에 도취해 하나님의 명령을 잊고 버려야 할 것을 취하고 말았던 것입니다. 그 결과 수월하게 이길 것이라 예상했던 아이성 전투에서 큰 패배를 경험하게 됩니다. 여기에서 그치지 않고 여호수아 9장에는 이스라엘이 평생 짊어져야할 멍에를 스스로 매는 장면이 나옵니다. 가나안 땅에 살고 있었던 기브온 사람들과 조약을 맺은 것입니다. 이들은 먼 곳에서 찾아왔다고 이스라엘을 속이고는 화친을 맺는 조약을 제안합니다. 그들이 종이 되겠다는 것입니다. 전쟁을 하지 않아도 종을 삼을 수 있다는 이 매력적인 제안에 여호수아는 조약을 맺고 맹세를 했습니다. 하지만 그들이 떠나가고 난 후에, 이스라엘은 그 땅에 살고 있는 기브온 족속에게 속았다는 것을 깨닫게 됩니다. 그 상황을 성경은 이렇게 기록하고 있습니다.

"무리가 그들의 양식을 취하고는 어떻게 할지를 여호와께 묻지 아니하고"(수 9:14) 이스라엘의 실수와 패배는 여호와 하나님께 묻지 않을 때마다 반복되고 있습니다.

기독교 역사에서 엄청난 성령의 역사가 일어났던 현장들이 있습니다. 영국의 웨일즈, 조선의 평양, 미국의 아주사 등.. 그런데 우리가 기억해야할 것이 있습니다. 그 엄청난 성령의 역사들이 소리 없이 사라져 버리고 말았다는 사실입니다. 성령님은 이미 새롭게 일하기 시작했는데, 우리는 과거에 경험했던 성령님의 역사만을 기억하며 지금에 안주한 나머지 새롭게 일하시는 성령님을 모르고 있는 것은 아닐까요?

2. 나의 답을 내려놓고 성령님의 뜻을 물어야합니다

다음은 R.T. 켄달의 '내일의 기름부음' 책에 나오는 이야기입니다. "문득 켄터키에 있던 한 목사의 이야기가 떠올랐다. 교회 일로 어려움을 겪고 있던 그는 갑자기 하와이에 있는 한 교회로부터 담임목사로 와달라는 제의를 받게 되었다. 그 목사는 부인에게 이렇게 말했다. '당신은 짐을 싸요. 난 기도를 해볼 테니' 이렇듯 이미 우리의 마음이 정해진 상태에서 주님의 마음을 알기란 쉽지 않다."

우리들의 모습도 이와 다르지 않습니다. 마음이 정해진 상태에서 성령님께 묻게 되면 우리가 원하는 대답이 들릴 때까지 기도하거나, 이 기도에 대하여는 하나님께서 응답하시지 않는다고 단정하게 됩니다. 기도하며 하나님의 응답을 받기보다는 내가 정한 답에 대한 '확답'을 받기 원하는 것입니다. 기도는 성령님의 뜻 앞에서 우리의 답을 포기하는 것인데, 우리의 뜻 앞에서 하나님의 답이 바뀌길 요구하고 있지 않은지 우리의 태도를 점검해야 합니다.

▶학습문제

(1) 여호수아가 기브온 족속에게 속아 조약을 맺은 근본적인 원인은 무엇입니까?
    답 : 여호와께 묻지 않았기 때문입니다. 이전의 승리에 취하지 말고, 날마다 새롭게 일하시는 성령님께 물을 수 있어야 합니다.

(2) 하나님의 뜻과 관련해 생각할 때, 기도는 무엇입니까?
　　답 : 성령님의 뜻 앞에서 우리의 답을 포기하는 것입니다.

기도
하나님, 과거에 경험했던 성령님의 은혜에 안주한 나머지 새롭게 일하시는 성령님의 뜻을 구하지 않았던 우리의 어리석음을 회개합니다. 우리의 답을 내려놓고 하나님의 뜻을 구하는 기도의 시간을 통해 지금도 나를 위해 일하시는 성령님과 더 친밀해지는 은혜를 부어 주옵소서.

중보기도
(1) 새롭게 말씀하시는 성령님의 뜻을 구하지 않고, 과거의 영광에 취한 나머지 변화하길 멈춘 한국교회 안에 새로운 성령의 바람을 허락하옵소서.
(2) 이 땅의 젊은이들이 꿈을 꾸고 비전을 세우는 시간을 보낼 때 자신들이 가진 답을 내려놓고 오직 성령님의 인도하심을 따라 믿음의 삶을 결정할 수 있는 은혜를 부어주소서.

> ▶ **만남의 준비**
> 사도행전 2장 1-4절을 읽고 성령님이 임하실 때 우리들의 삶에 어떤 변화와 새로운 일들이 일어나는지 생각해봅시다.

31 성령님이 임하실 때

> 성경: 사도행전 2장 1-4절 (암송 요절 4절)
> 찬송: 286(통 218), 366장(통 485)
> 주제: 하나님께서 성령님의 임재를 경험한 사람들을 통해 어떤 일을 이루시는지 배우고, 하나님께 쓰임받는 우리의 인생이 될 수 있도록 결단해봅시다.

우리 가운데 성령님의 임재가 있다면 어떤 일이 일어날까요? 익히 잘 알고 있는 것처럼 요한복음이 성령님에 대하여 설명하고 있다면, 사도행전은 우리가 지식적으로 알고 있던 성령님께서 임했을 때 일어났던 일 즉 'Acts-성령께서 행하신 일들'을 보여주고 있습니다. 여기서 중요한 것은 성령님에 대한 사실을 과학적이며 객관적으로 설명하기 보다는, 그들이 경험했던 성령님을 주관적으로 설명하고 있다는 것입니다. 오늘 말씀 2절을 보면 급하고 강하게 임하시는 성령을 마치 '바람 같다'고 묘사하고 있습니다. 3절에서는 그들에게 임한 성령을 설명하는데 '불의 혀처럼' 갈라졌다고 표현합니다. 정확하게 설명할 방법이 없었던 것입니다. 하지만 분명한 것은 성령님이 임했을 때 강권적인 역사로 인해 각 사람들이 다른 언어로 말하기 시작했다는 사실입니다.

1. 성령님이 임하시면 새로운 일이 시작됩니다

성령의 임재를 가로막는 가장 무서운 적은 과거의 경험과 상처입니다. 안타깝게도 많은 사람이 과거에 경험한 실패의 기억으로 인해 미래에 행하실 하나님의 역사를 기대하지 않습니다. 하지만 위대한 사람들은 성공에 앞서 저마다 실패의 이야기를 가지고 있다는 것을 기억해야 합니다. 예를 들어 에디슨이 전구를 발명하기 위해 얼마나 많은 실패를 경험했는지 우리는 잘 알고 있습니다. 중요한 것은 그가 그것을 실패로 생각하지 않고 실험으로 생각할 때, 점점 성공으로 가까워졌다는 사실입니다. 같은 맥락에서 볼 때 오늘 말씀에서 보게 되는 성령 임재의 순간이 흔히 우리가 생각하는 '실패와 좌절'의 순간이라는 것이 참 흥미롭습니다.

120명이 문을 꽉 닫고 마가의 다락방에서 기도할 수밖에 없었던 이유가 바로 두려움 때문이었기 때문입니다. 또한 그들이 의지할 수 있는 것이라고는 주님의 약속 밖에 없었기 때문입니다. 게다가 마가의 다락방에 모여 있던 120명은 예수님이 아니었다면 결코 같이 할 수 없는 성향을 가진 사람들, 정치적 이념이 다른 사람들이었습니다. 실제 예수님과 함께 공생애를 지나는 동안 서로에 대한 갈등도 존재했습니다. 하지만 이토록 다른 사람들이 모여 성령의 임재를 경험하고 났더니, 그들은 함께 일하는 공동체가 되었습니다. 이것이 바로 성령임재의 특징입니다. 서로 친하고, 성향이 같은 사람들이 모였기 때문에 성령님이 임하는 것이 아니라, 서로 다른 성향의 사람들이 모여서 성령의 임재를 경험할 때 그들을 하나 되게 하시는 새로운 은혜를 경험하는 것입니다. 이것이 성령님이 일하시는 방법입니다. 우리들의 삶 속에 성령님의 임재가 일어나면 반드시 새로운 일이 시작됩니다.

2. 성령님이 임하시면 우리가 하나님 역사의 주인공이 됩니다

　오늘 본문을 보면 홀연히 임한 성령을 불의 혀 같이 갈라졌다고 표현하고 있습니다. 함께 모여 있던 공동체 모두가 성령의 임재를 경험했지만 특별히 '각 사람 위에 하나씩' 임했다는 것입니다. 이처럼 성령님의 역사는 '개별적'입니다. 성령님의 임재는 묻어서 갈 수 있는 것이 아닙니다. 우리는 때로 특정한 교회를 다니면 그 교회를 통해 성령님을 경험할 수 있지 않을까 착각합니다. 물론 교회는 우리가 성령님을 경험하도록 도움을 주지만, 그것이 꼭 자동적으로 일어나는 현상은 아닙니다. 교회를 통해 성령님을 경험하는 것이 아니라, 성령님의 임재를 경험한 각각의 사람들이 모였을 때 그 모임이 교회가 되는 것입니다. 교회의 역사를 살펴보면 타락한 교회에서도 예배는 계속되었고, 성경을 배웠으며, 사역을 멈추지 않았습니다. 그러나 성령의 역사가 일어나지 않을 때 교회는 사라지고 '건물'만 남게 됩니다. 흔적은 있지만 그 건물은 '죽은 교회'인 것입니다.

　마가의 다락방에서 시작한 오순절 성령의 임재가 초대교회의 시작이 되었듯이, 성령님의 임재를 경험한 사람들이 모인 '교회'는 마치 장작에 붙은 불처럼 각자가 경험한 성령의 불이 서로에게 번져나가는 것을 경험하게 됩니다. 그리고 하나님은 오늘도 성령의 임재를 경험한 성도들을 통해 온 세상에 새로운 은혜의 역사를 이루고 계십니다. 바로 그들이 하나님 역사의 주인공이 되는 것입니다.

▶학습문제

(1) 마가의 다락방에 모인 120명에게 성령님이 임하셨을 때 어떤 변화가 일어났습니까?
　답 : 서로의 다름으로 갈등할 수밖에 없던 사람들이 성령님의 임

재를 통해 하나 되게 하시는 새로운 은혜를 경험했습니다.
(2) 성령님의 임재와 관련해 교회를 정의해 봅시다.
　　답 : 교회를 통해 성령님을 경험하는 것이 아니라, 성령 임재를 경험한 사람들의 모임이 바로 교회입니다. 바로 이런 교회를 통해 하나님은 온 세상에 은혜의 역사를 이뤄 가십니다.

기도

하나님, 마가의 다락방에 모여 성령님의 임재를 경험한 초대교회 성도들처럼 저의 삶이 성령충만하게 하옵소서. 나아가 저에게 임하신 성령의 은혜가 가정과 교회와 나라와 열방 속에서 하나님께 쓰임 받는 인생 되게 하옵소서.

중보기도

(1) 우리의 가정이 성령의 임재가 가득한 믿음의 가정 되게 하셔서 어린 자녀들이 예언을 하고, 젊은이들이 환상을 보고, 부모들이 꿈을 꾸는 사도행전의 예언이 이뤄지게 하소서.
(2) 우리 교회가 건물만 유지되는 '죽은 교회'가 아니라, 성령님의 임재가 가득한 '살아있는 교회'가 되어 하나님께 쓰임받는 공동체 되게 하소서.

> ▶ **만남의 준비**
> 시편 1편 1-6절을 읽고 우리가 하나님의 음성을 들으려는 목적이 무엇인지 생각해 봅시다.

32 하나님 음성은 순종하기 위해 듣는것입니다

성경: 시편 1편 1-6절(암기 요절 1-2절)
찬송: 380(통 424), 419장(통 478)
주제: 우리에게 말씀하시는 하나님의 음성을 듣는 목적을 생각해보고 하나님의 음성을 더 잘 듣기 위한 우리의 태도를 점검해 봅시다.

헨리 블랙카비와 리차드 블랙카비 부자가 쓴 「하나님 음성에 응답하는 삶」에 나오는 이야기입니다.

"내가 처음 집례한 장례식은 귀여운 세 살짜리 여자아이의 장례식이었다. 그 아이가 태어나던 때가 기억난다. 우리 교회 한 부부의 첫 아이였다. 조부모에게는 첫 손이기도 했다. 그러나 불행히도 아이는 버릇없이 자랐다. 어느 날 그 집에 심방 가서 보니 아이는 부모의 말을 대놓고 무시했다. 오라고 하면 갔고 앉으라고 하면 일어섰다. 부모는 그런 행동을 그저 귀여워했다. 그들은 아이의 익살스런 행동에 배꼽을 잡고 웃곤 했다. 어느 날 어쩌다 그 집 앞마당 문이 열려 있었다. 딸아이가 마당을 빠져나가 길 쪽으로 가는 것이 부모 눈에 띄었다. 무섭게도 저쪽에서 차 한 대가 달려오고 있었다. 딸아이는 주차해둔 두 대의 차 사이로 빠져나가 차 쪽으로 달리고 있었다. "안 돼! 돌아와!" 부모가 한 목소리로 어린 딸에게 외쳤다. 아이는 잠깐 서서 부모를 보고 씩 웃더니 다시 돌아서서는 달려오는 차 쪽으로 곧장 뛰어들었다. 차는 아이를 세차게 들이받았다. 기겁한 부모가 허겁지겁 어린 딸을 병원으로 옮겼으나 아이는 결국 죽었다. 부부가 외동딸의 죽음 소식을 듣던 순간 나도 병실에 같이 있었다. 장례식에서 터져 나온 통곡은 그야말로 단장의 비애였다. 생전 처음 인도한 그 장례식을 나는 지금도 잊지 못한다."

왜 이런 비극이 일어났을까요? 그 아이는 부모의 목소리가 들리지 않은 것이 아닙니다. 부모의 음성은 들렸으나 순종하는 훈련이 되어 있지 않았기 때문입니다.

1. 하나님 음성은 순종하기 위해 듣는 것입니다

의인과 악인의 차이를 설명하는 오늘 본문을 통해 생각해야 할 것이 있습니다. 의인에게만 하나님의 말씀이 들려지고 악인에게는 하나님의 말씀이 감춰지는 것이 아니라는 사실입니다. 모두에게 들려지지만 의인은 하나님의 말씀을 묵상하고 들려진 말씀을 따라 순종하는 삶을 사는 것이고, 악인은 그들에게 들려지는 하나님의 말씀대로 살아가려고 하지 않는 것입니다.

야구 경기를 보면 선수들은 자신이 하고 싶은 대로 하는 것이 아니라 감독의 사인을 보고 경기를 합니다. 만약 공을 던지는 투수가 포수나 코치진의 사인을 무시하고 제멋대로 공을 던진다면 자신에게만 문제가 생기는 정도가 아니라 그 팀에 속한 모든 사람에게 큰 해를 끼치게 됩니다. 때로는 피해가고 싶은 타자가 있어도 정면 승부를 해야 할 때가 있고, 때로 승부하고 싶은 타자도 고의 사구로 보내야 할 때가 있습니다. 공격하는 입장에서도 마찬가지입니다. 안타를 치고 뛰어가면서도 코치의 사인을 봐야 합니다. 더 가야 할지 멈춰야 할지는 달리는 자신보다 모든 것을 파악하고 있는 코치가 더 정확히 알기 때문입니다. 간혹 이 사인을 무시하다가 아웃 당하는 선수들을 보게 되는데 이들은 잘 치고도 욕을 먹습니다. 우리의 인생도 그렇습니다. 하나님의 사인을 보지 않고, 하나님의 음성을 듣지 않고, 그 음성에 순종하지 않는다면 절대 바람직한 인생이 될 수 없습니다.

2. 하나님 음성을 듣기 위해 '홀로 하나님과 있기' 가 필요합니다

우리나라의 예수전도단을 처음으로 만든 David Ross(오대원) 목사님은 「묵상하는 그리스도인」이라는 책에서 에녹을 예로 들며 묵상은 "홀로 하나님과 있기"라고 설명했습니다. 에녹은 이 땅 위에 사는 동안 하나님께 열중한 사람이었습니다. "에녹이 하나님과 동행하더니 하나님이 그를 데려가시므로 세상에 있지 아니하였더라"(창 5:24) 아마 우리 모두가 꿈꾸는 영적 생활의 진수가 바로 하나님과 동행하며 사는 것 아닐까요? 많은 사람들이 하나님의 음성을 듣기에는 이 세상이, 주변이 너무 시끄럽고 분주하다고 생각합니다. 하지만 에녹이 하나님과 동행하며 살았던 곳이 '저 세상'이 아니라 '이 세상'이었다는 것을 기억해야 합니다. 하나님의 음성은 어느 특정한 장소, 특정한 사람들에게 들려지는 것이 아니라 지금 이 순간 모든 사람에게 들려지는 것입니다. 따라서 우리의 주변 환경을 조용하게 바꾸려는 노력이 아니라, 시끄러운 환경 가운데서도 "홀로 하나님과 있기" 위해 우리의 태도를 바꿀 때 비로소 하나님의 음성을 듣게 되는 것입니다.

▶학습문제

(1) 하나님 음성을 듣는 목적은 무엇입니까?
　답 : 단순히 하나님의 음성을 '듣는 것'에 그치지 않고, '순종' 하

기 위한 것입니다.
(2) 시끄럽고 분주한 환경 속에서 하나님의 음성을 듣기 위해 우리는 어떻게 해야 할까요?
답 : 하나님의 음성은 환경을 바꾸는 것이 아니라 주님께 귀 기울이는 내 태도를 바꿀 때 들을 수 있습니다.

기도
하나님께 집중하지 못하도록 방해하는 세상의 분주함에 마음을 빼앗기는 어리석은 자가 아니라, 주야로 말씀을 묵상하며 하나님께 집중할 때 나에게 말씀하시는 주님의 음성 앞에 순종할 수 있는 주의 자녀 되게 하옵소서.

중보기도
(1) 불필요한 세상의 정보, 거짓 메시지가 만연한 미디어 영역에 하나님의 말씀을 사모하는 그리스도인들을 세워 주셔서 각종 미디어와 방송계에 하나님의 진리와 거룩함이 회복되게 하소서.
(2) 휴가철을 맞이한 성도들의 가정이 음란과 쾌락이 만연한 세상 문화에 휩쓸리지 않고, 오직 하나님의 말씀으로부터 오는 진정한 쉼과 안식을 누리게 하소서.

▶ **만남의 준비**
시편 119편 105절을 읽으며 다양한 방법으로 우리에게 말씀하시는 하나님의 음성을 어떻게 분별해야할지 생각해봅시다.

33 하나님은 다양한 방법으로 말씀하십니다

성경: 시편 119편 105절(암기 요절 105절)
찬송: 540(통 219), 425장(통 217)
주제: 다양한 방법으로 말씀하시는 하나님 음성을 이해하고, 우리의 소원이 아닌 하나님의 뜻대로 살아가길 결단해 봅시다.

오늘 본문 말씀을 살펴보면 하나님이 어떤 분이시며, 왜 우리들에게 말씀하시는지를 잘 설명해 주고 있습니다. 주의 말씀이 '내 발에 등'이라는 말은 하나님께서 내 발 앞에 있는 즉각적인 필요에 대답해 주신다는 믿음의 고백입니다. 하나님은 우리와 멀리 떨어진 분이 아니라 우리의 필요를 아시고 응답하시는 분이십니다. 따라서 우리가 하나님의 음성을 듣는다는 것은 추상적인 차원의 문제가 아니라, 오늘 이 시간 우리에게 말씀하시는 하나님의 응답을 듣고 살아간다는 것입니다.

1. 하나님은 다양한 방법으로 우리에게 말씀하십니다

하나님은 우리에게 말씀하실 때 한 가지 방법이 아닌 다양한 방법으로 말씀하십니다. 사무엘에게는 적막한 밤에 세미한 음성으로 말씀하셨는데, 바울을 부르실 때는 휘황찬란한 방법을 사용하셨습니다. 다메섹 도상에서 빛이 번쩍이며 눈을 멀게 하신 것입니다. 그

순간 바짝 엎드러진 바울의 모습을 상상해 보면서 아마 그런 방법을 사용하지 않았다면 바울이 그렇게 쉽게 낮아지지 않았을 것이라는 생각을 하게 됩니다. 하나님의 음성에 이런 다양한 패턴이 있는 이유는 하나님 때문이 아니라 바로 우리 때문입니다. 우리에게 가장 적절한 방법으로 그리고 우리가 알아들을 수 있도록 말씀하시기 때문입니다.

편리함을 추구하는 어떤 사람들은 하나님의 음성에도 일정한 공식이 있길 원합니다. 마치 수학의 공식처럼 '하나님이 이렇게 말씀하시니, 당신은 이렇게 반응하십시오!' 라고 말해 준다면 하나님의 음성을 듣기가 참 쉬울 것 같습니다. 그런데 성경에서 하나님의 음성을 들었던 사람들을 보면 공식이 없습니다. 동일한 패턴이 아닙니다. 각 사람에게 다르게 말씀하셨습니다. 우리는 흔히 이렇게 생각합니다. "하나님의 음성을 귀로 들을 수만 있다면 믿을 텐데 …" 그런데 놀랍게도 예수님 당시 그분의 음성을 직접 듣고, 심지어 죽은 자를 살리시던 현장에 있던 사람들조차도 하나님을 믿지 않는 사람들이 있었음을 알아야 합니다. 그래서 히브리서 기자는 다음과 같이 말합니다. "믿음이 없이는 하나님을 기쁘시게 하지 못하나니"(히 11:6) 하나님의 음성을 듣는 것은 방법의 문제가 아니라 그분을 믿을 때 비로소 들려지는 것입니다.

신앙생활을 하는 사람이라면 모세가 불붙은 떨기나무 체험을 하고, 사도 바울이 다메섹 도상에서 극적으로 주님을 만난 것처럼 '극적인 만남'이 있었으면 좋겠다는 생각을 누구나 한번쯤 해보게 됩니다. 그런데 하나님께서 그들에게 매번 극적인 방법으로 나타나시지 않았다는 것을 주목해야 합니다.

오히려 대부분은 일상적인 대화를 하는 것처럼 하나님과의 만남이 표현되고 있습니다. 즉 하나님과의 친밀한 관계 속에서 구체적으로 말씀하시는 것입니다. "하나님을 가까이 하라 그리하면 너희를 가까이 하시리라"(약 4:8)

2. 하나님 음성에는 일관성이 있습니다

역설적이게도 하나님의 다양한 음성에는 우리가 주목해야 할 일관성이 있습니다. 하나님의 음성을 확인할 수 있는 가장 기본적인 일관성의 기준은 바로 '거룩함' 입니다. 거룩하신 하나님은 절대 거룩하지 않은 방법으로 사람들에게 말씀하시지 않습니다. 즉, 그분은 사람들을 비윤리적인 길로 인도하시지 않습니다. 다윗이 하나님의 말씀을 많이 들었지만, 밧세바와의 간음마저 하나님의 지시에 따른 것은 아닙니다. 그의 범죄는 하나님의 음성과는 무관한 것입니다. 뿐만 아닙니다. 다윗은 자신이 하나님의 성전을 짓고 싶다는 소원을 가지고 있었습니다. 하지만 하나님은 그에게 성전 짓는 것을 허락하지 않으셨습니다. "여호와의 말씀이 내게 임하여 이르시되 너는 피를 심히 많이 흘렸고 크게 전쟁하였느니라 네가 내 앞에서 땅에 피를 많이 흘렸은즉 내 이름을 위하여 성전을 건축하지 못하리라"(대상 22:8) 다윗의 소원은 분명 선하고 좋은 것이었지만 하나님은 그것을 허락하지 않으셨습니다. 하나님은 우리의 소원대로 당신의 기준을 바꾸시며 일하시는 분이 아니기 때문입니다. 하나님의 소원, 하나님의 마음, 그리고 하나님의 선하심으로 일하시는 분이십니다. 하나님은 이 일관성에 변함이 없으신 분이십니다.

▶학습문제
(1) 하나님께서 한 가지 방법이 아닌 다양한 방법으로 음성을 들려

주시는 이유는 무엇입니까?
답 : 우리에게 가장 적절한 방법으로, 우리가 알아들을 수 있도록 말씀하시기 위해서
(2) 다양한 방법으로 우리에게 말씀하시는 하나님의 음성을 듣고 분별하기 위해 우리가 더 집중해야하는 것은 무엇입니까?
답 : 일상의 대화를 하듯이 평소에 하나님과 더 친밀한 관계를 유지해야합니다(기도, 묵상 등).

기도

하나님, 나의 필요를 아시고 채우시며 내가 가야할 길을 말씀해 주시니 감사합니다. 다양한 방법으로 말씀하시는 하나님의 음성을 듣고 하나님의 뜻 안에 거하는 주의 자녀 되게 하옵소서.

중보기도

(1) 올 여름 교회에서 진행되는 다양한 여름행사를 통해 참여하는 모든 성도들과 다음 세대가 하나님과 더욱 친밀함을 경험하게 하소서.
(2) 우리나라 정치계에서 일하는 그리스도인들이 하나님의 관점으로 사회적 약자를 돌아보고, 이 땅에 하나님의 공의를 실현하는 주의 도구 되게 하소서.

▶ **만남의 준비**
요한복음 10장 3-4절을 읽으며 목자이신 하나님의 음성 앞에 우리가 어떤 믿음의 태도를 가져야할지 생각해봅시다.

34 하나님 음성을 들으려면 겸손과 인내가 필요합니다

> 성경: 요한복음 10장 3-4절(암송 요절 3절)
> 찬송: 446(통 500), 569장(통 442)
> 주제: 하나님의 음성을 듣기 위한 우리의 태도와 자세를 점검하고, 겸손함과 기다림으로 하나님의 뜻을 알아가길 결단해 봅시다.

출애굽기는 하나님께서 모세를 당신의 도구로 부르시고, 그를 통해 이스라엘 백성을 애굽으로부터 구원하시는 과정을 기록하고 있습니다. 이 책에서 눈여겨볼만한 부분이 한 가지 있는데 7장부터 시작해서 14장의 홍해 사건까지 1절이 동일하게 시작한다는 사실입니다.

"여호와께서 모세에게 이르시되(말씀하시되) …"

모세는 하나님께서 그에게 이르시는 것을 순종함으로 하나님의 일을 감당할 수 있었습니다. 탁월하고 특별한 사람이 하나님께 쓰임 받는 것이 아니라, 하나님의 음성을 듣는 자가 하나님께 쓰임 받을 수 있다는 것입니다.

1. 하나님 음성을 들으려면 겸손해야 합니다

조이 도우슨이 쓴「하나님의 음성을 듣는 삶」이라는 책에 보면, 하나님의 음성을 듣기 위한 첫 번째 조건으로 "겸손"해야한다고 설명합니다.

"온유한 자를 정의로 지도하심이여 온유한 자에게 그의 도를 가르치시리로다"(시 25:9) 여기에서 '온유한 자'로 번역된 히브리어 '아나브'는 '겸손'이라는 뜻을 함께 갖고 있습니다. 즉, 우리가 겸손할 때 하나님께서 우리를 지도하시고, 그의 음성을 통해 말씀하신다는 것입니다. 우리의 문제를 나의 생각과 나의 지식으로 해결하지 않고, 겸손한 마음으로 하나님 앞에 나올 때 하나님께서 우리를 지도하시고 나아갈 길을 알려주시는 것입니다. 같은 맥락에서 성경은 하나님께 묻지 않는 사람을 '배반한 자'라고 말하고 있습니다. "여호와를 배반하고 따르지 아니한 자들과 여호와를 찾지도 아니하며 구하지도 아니한 자들을 멸절하리라(습 1:6)"

겸손은 '믿음'과 연결이 되어 있습니다. 하나님께서 반드시 우리의 기도를 들으시고 우리의 문제에 관해 말씀하신다는 믿음을 가진 사람만이 하나님께 나와 음성을 구하기 때문입니다. 또한 겸손은 '자기 의지를 포기하는 것' 입니다. 다른 말로 자신을 믿지 않는 것입니다. 하나님의 인도하심 앞에 자신의 경험을 내려놓고, 하나님께서 우리의 지식과 경험을 뛰어 넘어 역사하시는 것을 신뢰하는 것입니다.

오늘 본문을 보면 목자와 양의 관계를 설명하고 있습니다. 양은 아주 단순합니다. 목자만이 자신을 푸른 초장으로 인도할 것을 믿습니다. 그래서 양은 목자의 음성을 듣고 움직일 때 가장 평안합니다. 때로 양이 잘못된 방향으로 가려고 할 때 올바른 방향을 잡기 위해 목자의 음성을 통해 그 방향을 바꿔줍니다. 이 때 양이 자신의 느낌, 자신의 경험을 앞세워 목자의 음성과 다른 길을 간다면 길을 잃던지, 사나운 짐승에 의해 목숨을 잃게 되는 것입니다.

2. 하나님 음성을 들으려면 기다림이 필요합니다

'기다림'은 우리의 믿음의 여정에서 참 어려운 부분 중에 하나입니다. 많은 사람들이 겸손하게 믿음을 가지고 나를 포기할 준비를 하고 있다고 말하면서도 기다리는 일에 인색합니다. 조급함과 서두름은 가장 명백한 불신앙의 표시입니다. "너희는 가만히 있어 내가 하나님 됨을 알지어다"(시 46:10) 시편의 기자가 고백하는 것처럼 하나님의 행하심을 기다릴 때 그 분의 능력을 체험할 수 있습니다.

출애굽기 14장을 보면 애굽에서 나온 이스라엘 백성들이 홍해를 만나 더 이상 앞으로 갈 수 없는 상황에 뒤에서는 애굽의 병사들이 쫓아오는 장면이 기록되어 있습니다. 앞으로도 뒤로도 갈 수 없는 진퇴양난에 빠져 죽음을 앞에 두고 무언가 방법을 찾아야하는 절대 절명의 순간에 하나님께서 모세를 통해 이렇게 말씀하십니다. "여호와께서 너희를 위하여 싸우시리니 너희는 가만히 있을지니라"(출 14:14) 하나님의 음성을 듣는 것은 하나님께서 하나님의 일을 하실 수 있도록 내가 하려던 모든 것을 멈추고 하나님을 바라보는 것입니다.

▶학습문제

(1) 하나님의 음성 앞에 겸손한 마음을 갖는 것을 두 가지 차원으로 설명해보세요.

   답 : 첫째, '겸손'은 하나님이 반드시 내 기도에 응답하시고 말씀하신다는 믿음을 갖는 것입니다. 둘째, '겸손'은 나의 경험과 지식을 뛰어넘어 일하시는 하나님 앞에 나의 의지를 포기하는 것입니다.

(2) 문제 앞에서 우리의 방법이 막혀있을 때 우리가 해야할 것은 무엇입니까?

답 : 하나님께서 하나님의 일을 하실 수 있도록 가만히 기다리는 것입니다.

🌱 기도

하나님, 나의 생각과 경험으로 주님보다 앞서 가려 했던 어리석음을 회개합니다. 겸손한 마음으로 주님의 음성 앞에 나아갈 때에 지금도 나를 위해 일하고 계시는 하나님의 능력을 경험하는 주의 자녀 되게 하옵소서.

🌱 중보기도

(1) 함께 예배하는 구역성도들이 가지고 있는 삶의 문제들을 위해 기도합니다. 우리의 최선을 내려놓고, 겸손한 마음으로 주님을 바라볼 때에 우리를 가장 좋은 길로 인도하시는 하나님을 만나게 하소서.

(2) 우리를 위해 세워주신 목회자들이 모세와 같이 하나님의 음성을 따라 성도들을 섬기며, 하나님의 방법대로 교회를 이끌며 나아가는 영적 지도자가 되게 하소서.

> ▶ **만남의 준비**
> 요한복음 10장 26-27절을 읽으며 내 안에 들려오는 수많은 생각과 음성 속에서 어떻게 하나님의 음성을 분별할 수 있을지 생각해봅시다.

35 하나님 음성을 분별하십시오

성경: 요한복음 10장 26-27절(암송 요절 27절)
찬송: 401(통 457), 570장(통 453)
주제: 어떤 것이 진짜 하나님의 음성인지 분별하는 법을 배우고, 내가 보기에 좋은 것을 넘어 하나님의 최선을 선택하는 법을 배워봅시다.

어느 날 한 여학생이 시름에 잠겨 학생과장의 사무실을 찾아왔습니다. 이 학생은 재정 문제로 깊이 고민하고 있었습니다. "공부를 계속하려면 시간제 일이 꼭 필요해요. 하나님께 도와달라고 기도했지만 제가 지원한 곳마다 사람을 쓰지 않아요." 그 학생은 이렇게 말한 뒤 학생과장에게 물었습니다. "하나님이 제 취직을 도와주실 수 있다고 정말 믿으세요?" 그때 동료 학생이 열린 문 앞을 지나다 학생과장과 마주 앉은 그 여학생을 보았습니다. 친구는 얘기 도중에 끼어들어 미안하다면서 이렇게 말했습니다. "너를 찾고 있었어! 끝나고 나랑 얘기 좀 해. 우리 사장이 오늘 나한테 시간제 일이 필요한 친구가 있느냐고 묻잖아. 네 얘기를 했지. 그랬더니 바로 보자는 거야!" 걱정하던 여학생은 친구한테 고맙다고 말한 뒤 다시 학생과장을 보며 못다 한 말을 이어 갔습니다. "그러니까 과장님은 하나님이 제 취직을 도와주실 수 있다고 생각하세요?"

하나님은 지금도 우리에게 계속 말씀하고 있는데 우리가 하나님의 음성을 듣지 않고 분별하지 못하기에 하나님의 일하심을 경험하지 못하는 것입니다.

1. 하나님 음성은 반드시 말씀을 통해 분별해야 합니다

말씀을 읽다가, 기도하다가, 환경을 통해, 어떤 사람을 통해 듣는 말씀들이 진짜 하나님의 말씀이라는 것을 어떻게 알 수 있을까요? 하나님의 음성을 분별할 수 있는 최고의 기준이 있습니다. 하나님의 말씀과 일치하는지 살펴보는 것입니다. 사탄은 언제나 하나님의 말씀과 다르게 말을 합니다. 사탄은 거짓의 아비요, 기만의 대가이기 때문입니다. 따라서 우리가 들은 음성이 하나님의 말씀과 일치하는지 살펴보는 것이야말로 하나님의 음성을 분별하는 가장 중요한 기준이 됩니다. 예를 들어 하나님은 아담과 하와에게 선악과를 먹으면 죽는다고 하셨는데(창 2:16-17), 사탄은 뻔뻔하게 "너희가 결코 죽지 않는다"(창 3:4)고 말하며 아담과 하와를 안심시켰습니다. 사탄은 이렇게 하나님의 말씀에 이의를 제기하게 합니다. 그리고 아주 전략적으로 사소해보이고 부분적인 것으로 우리를 미혹합니다. 신기하게도 하나님의 역사가 일어나는 곳에 사탄의 모조품이 등장합니다. 하나님의 역사가 가장 강하게 일어나던 때 "전도관"의 박태선이 일어났었고, 한국 교회가 가장 빠르게 부흥하던 80년대 말 "이장림 목사의 휴거설"이 등장 했었습니다. 이렇게 건강하지 못한 영적 운동 때문에 성령의 불이 소멸되고, 한국 교회에 대한 부정적인 이미지를 주는 것이 바로 사탄의 전략입니다. '이단(異端)'은 한자로 다를 이(異), 끝 단(端)을 사용합니다. 거의 같은데 마지막 끝이 다른 것입니다.

2. 하나님의 뜻과 내 뜻을 분별해야 합니다

많은 그리스도인이 다음과 같은 질문을 합니다. "저는 진심으로 하나님 뜻을 행하고 싶은데 내 마음이 끌리는 방향이 단지 내 꿈과 욕심이 아님을 어떻게 알 수 있습니까?"

분명한 것은 하나님의 뜻과 내가 행하고자 하는 것이 늘 반대인 것만은 아니라는 사실입니다. 하지만 우리들의 인간적인 욕심 때문에 하나님의 더 좋은 뜻을 놓칠 수 있다는 사실 또한 인정해야 합니다. 하나님의 음성을 분별하는 것은 하나님의 뜻과 내 뜻 사이에서 우선순위를 정하는 것입니다. 우선순위가 분명해지면 우리는 '선(good)'과 '최선(best)'을 분별하는 지혜를 가지게 됩니다. 사실 하나님의 음성을 분별하기가 어려운 이유는 '악한 것'들 때문이 아니라 '최선이 아닌 선' 때문입니다. 하나님의 '최선'(best) 보다 '선'(good)을 선택하려는 유혹이 강하기 때문입니다. '죄'란 과녁을 빗나간 것입니다. 다른 방향으로 쏘는 것만이 '죄'가 아니라, 빗나간 과녁 역시 '죄'입니다. 그래서 우리는 선한 활동들 가운데서 '하나님의 최선'을 분별하는 훈련을 해야 하는 것입니다.

▶학습문제

(1) 하나님의 음성을 분별할 수 있는 가장 좋은 기준은 무엇입니까?
    답 : 거짓의 아비인 사탄이 우리를 속이려할 때 하나님의 음성을 분별하는 가장 좋은 기준은 '기록된 말씀'입니다.
(2) 꼭 나쁜 것이 아니어도 하나님의 뜻이 아닐 수 있는 이유는 무엇입니까?
    답 : 다른 방향으로 쏘는 것만이 '죄'가 아니라 과녁을 벗어난 모든 것이 '죄'이기 때문입니다. 따라서 많은 '선(good)'

중에서 하나님의 '최선(best)'을 분별해야 합니다.

🌱 기도
하나님, 우리가 살아가는 세상의 수많은 소리 중에서 하나님의 뜻을 분별할 수 있는 지혜와 은혜를 부어주셔서, 오직 말씀 속에 하나님의 뜻을 깨닫고 순종함으로 하나님이 기뻐하시는 최선의 삶을 살아가게 하소서.

🌱 중보기도
(1) 다음 진로를 준비하는 모든 그리스도인들이 자신의 생각, 세상이 요구하는 기준을 넘어 하나님이 기뻐하시는 진로를 선택하고 그 부르심의 자리에서 귀하게 쓰임받게 하소서.(수험생, 청년, 이직을 준비하는 이들)
(2) 한국교회 안에 말씀을 사모하는 은혜를 부어주셔서 목회자와 몇몇 사람들의 개인의 생각대로 운영되는 교회가 아니라 하나님의 말씀이 기준이 되는 건강한 교회가 되게 하소서.

▶ **만남의 준비**
요한복음 3:1-11을 통해, 증거하는 삶에 대해 묵상해 봅시다.

PART 5

옥성석 목사 편

9월 예수 증인의 삶을 사는 달

   36. 아는 것을 말하고, 본 것을 증언하는가?
   37. 그 후, 나사로는 이랬다
   38. 하늘 농부의 꿈
   39. 맏이여, 기쁨을 회복하라

10월 사랑의 수고를 다하는 달

   40. 발을 씻긴다는 것
   41. 나의 사랑에는 '수고'가 있는가?
   42. 그렇다면 우리는 어떻게 할 것인가?
   43. 혼자 만들 수 없는 단어, 연합
   44. 과연 '최후의 만찬'이었던가?

36 아는 것을 말하고, 본 것을 증언하는가?

> 성경 : 요한복음 3:1-11 (암송 말씀 11절)
> 찬송 : 288(통 204), 505장(통 268)
> 주제 : 우리는 아는 것과 본 것, 즉 예수의 복음을 온전히 증언하는 삶을 살아야 합니다.

정말 잊지 말아야 할 것이 있을 때 주님은 '진실로' 하시고, 더 강조하실 때에는 '진실로 진실로' 하십니다. 이 말씀만은 잊지 말고 꼭 기억해야 한다는 뜻입니다. 그런데 본문에서 '진실로 진실로'가 무려 세 번이나 등장합니다(요 3:3, 5, 11). 강조의 절정입니다.

1. 니고데모의 고민

니고데모라는 자가 등장합니다(요 3:1). 첫째, 그는 바리새인으로서 도덕적으로 흠결이 없었습니다(눅 18:11-12). 둘째, 그는 대단한 권세의 소유자였습니다. 왜냐하면 유대인의 지도자였기 때문입니다. 더 중요한 것은 그는 대단한 재력가였습니다. 예수님의 죽음 후 몰약과 침향 섞은 것을 백 리트라(근)쯤 가지고 왔기 때문입니다(요 19:39). 한 마디로 그는 모든 사람의 부러움의 대상이 될 수 있었는데 이런 그가 밤에 예수를 찾아왔습니다(요 3:2). 성경은 그가 밤에 예수를 찾아왔음을 강조합니다(요 19:39). '밤'이라는 단어가 시사하는 바는 무엇일까요?

성경에는 이런저런 밤이 등장합니다. 첫째, 자연의 밤입니다(창 1:5). 둘째, '시련과 고난'을 밤으로 묘사하고 있습니다(욥 7:3). '죽음'을 밤으로 묘사하고 있습니다(살전 5:5). 여기 니고데모의 밤은 물론 자연의 밤이었으나 단순한 자연의 밤을 뛰어넘습니다. 그가 어떤 문제로 말미암아 잠을 이루지 못했다는 것을 시사합니다. 그래서 그가 그 밤에 예수를 찾은 것입니다. 도대체 어떤 이유로 그 밤에 예수를 찾아왔을까요? 니고데모가 이렇게 이야기합니다. "우리가 당신은 하나님께로부터 오신 선생인 줄 아나이다 하나님이 함께 하시지 아니하시면 당신이 행하시는 이 표적을 아무도 할 수 없음이니이다"(요 3:2).

2. 예수님의 대답

예수님께서 이렇게 대답하십니다. "진실로 진실로 네게 이르노니 사람이 거듭나지 아니하면 하나님의 나라를 볼 수 없느니라"(요 3:3). 첫 번째로 '진실로 진실로' 하시면서 말씀하십니다. '하나님 나라에 가기 위해서는 거듭나야 해. 이상하게 평안이 없고, 기쁨과 만족이 없지. 의사에게 가도 뾰족한 수가 없지. 그래서 종교생활도 해보고 높은 직위에 앉아도 보고 재물도 쌓아봤지. 그런데 아무런 의미가 없지. 도대체 그 이유가 뭔지 알아? 그게 죽음의 문제야. 거듭나야 해.' 주님은 그가 안고 있는 근본적인 문제를 터치하신 것입니다. 그것이 영생의 문제라고 말입니다. 그래서 주님은 '진실로 진실로' 하신 것입니다.

그러자 니고데모는 "사람이 늙으면 어떻게 날 수 있사옵나이까 두 번째 모태에 들어갔다가 날 수 있사옵나이까"(요 3:4). '거듭남'이란 무엇인가란 질문입니다. 그때 주님께서 두 번째, '진실로 진실로' 하십니다. "진실로 진실로 네게 이르노니 사람이 물과 성령으로 나지 아니하면 하나님의 나라에 들어갈 수 없느니라"(요 3:5).

어찌 그러한 일이 있을 수 있냐는 니고데모의 질문에 주님께서는 세 번째, '진실로 진실로' 하십니다. "진실로 진실로 네게 이르노니 우리는 아는 것을 말하고 본 것을 증언하노라 그러나 너희가 우리의 증언을 받지 아니하는도다"(요 3:11). 여기에 '우리'는 성삼위 하나님을 뜻합니다. 그 삼위 하나님의 존재 방식이 바로 아는 것을 말하고, 본 것을 증언하는 것입니다(요 3:11). 하나님은 말씀하시고, 증언하시는 것으로써 영원히 존재하신다는 것입니다.

사랑하는 여러분! 여러분은 죽음의 문제를 해결하고 있습니까? 이 죽음의 문제를 해결해주시기 위해 주님은 이 땅에 오셨고, 영원한 생존 방식을 알려주셨습니다. 그것이 바로 아는 것을 말하고, 본 것을 증언하는 삶입니다. 우리는 하나님의 독생자가 나를 위해 십자가에 죽으신 것을 압니다. 우리는 예수 그리스도를 본 사람들입니다. 나는 진정 아는 것을 말하고 본 것을 증언하고 있습니까? "내가 복음을 전할지라도 자랑할 것이 없음은 내가 부득불 할 일임이라 만일 복음을 전하지 아니하면 내게 화가 있을 것이로다"(고전 9:16).

▶학습문제

(1) 니고데모가 예수님께 찾아와 털어놓은 고민은 어떤 문제일까요?
   답 : 죽음의 문제, 거듭남의 문제
(2) 하나님의 존재 방식은 바로 우리의 생존 방식과 직결됩니다. 그것은 어떠한 삶일까요?
   답 : 아는 것을 말하고, 본 것을 증언하는 삶

🌿 기도

하나님 아버지, 말씀을 통해 우리가 어떻게 죽음의 문제를 해결받고, 어떻게 거듭날 수 있는지 깨닫게 해주심을 감사드립니다. 이것을 아는 것으로 그치지 않고, 아는 것을 말하고, 본 것을 증언하는 삶을 살게 하여 주옵소서. 예수님의 이름으로 기도드립니다. 아멘.

🌿 중보기도

(1) 죽음의 문제, 거듭남의 문제로 고통받는 사람들을 보는 영적 눈을 갖게 하여 주옵소서.

(2) 아는 것을 말하고, 본 것을 증언하는 삶을 통해 하나님 나라 확장의 도구가 되게 하여 주옵소서.

> ▶ **만남의 준비**
>
> 요한복음 12:9-11을 읽고, 다시 살아난 나사로가 어떤 삶을 살았는지 살펴봅시다.

37 그 후, 나사로는 이랬다

> 성경 : 요한복음 12:9-11 (암송 말씀 11절)
> 찬송 : 496(통 260), 498장(통 275)
> 주제 : 나사로처럼 다른 사람들로 하여금 믿음을 가지게 하는 사람들이 되어야 합니다.

죽은 자가 살아난 기쁨을 다른 기쁨과 비교할 수 있을까요? '잔치할새' 라는 단어가 등장합니다(요 12:2). 누구와 식사를 하느냐가 중요합니다. 투자의 귀재 워렌 버핏(Warren Buffett)과 점심 1시간을 하려면 15억~40억을 내놓아야 한다고 합니다. 그런데 그와 식사하기를 원하는 사람들이 줄을 잇고 있습니다. 유익이 되기 때문입니다. 나사로가 살아났을 때, 그 가족들은 그냥 있을 수 없었습니다. 그래서 잔치를 열고 있습니다.

1. 나사로는 우리를 상징합니다

본문은 나사로가 그 이후에 어떻게 살았는지를 알려주고 있습니다. 성경, 특히 이 사건의 주인공은 예수님이신데 잠시 중심에서 비켜서십니다. '나사로도' (9절), '나사로까지' (10절), '나사로 때문에' (11절). 분명히 그 현장에 주님이 계셨는데, 죽었다가 다시 살아난 나사로가 주역처럼 스포트라이트를 받고 있습니다. 이것은 대단히 중요한 메시지를 우리에게 던져줍니다. 죽었던 나사로, 더 이상 소망이 없던 나사로가 예수로 말미암아 살아난 이후, 그가 어떻게 살았는지를 보여주기 때문입니다.

우리가 이런 나사로의 삶에 대해 관심을 가져야 할 이유는 이 나사로가 바로 오늘 우리를 상징하기 때문입니다. 우리 모두 허물과 죄로 완전히 죽었던 자들입니다. 더 이상 소망이 없던 자들이었습니다(엡 2:1). 그런 우리에게 예수 그리스도께서 친히 찾아오셔서 우리를 불러주시고, 우리를 살려주셨습니다.

2. 다시 살아난 나사로의 삶

다시 살아난 나사로는 어떤 삶을 살았을까요? 첫째, 9절입니다. "유대인의 큰 무리가 예수께서 여기 계신 줄을 알고 오니 이는 예수만 위함이 아니요 죽은 자 가운데서 살리신 나사로도 보려 함이러라"(요 12:9) 사람들이 물론 예수님을 보기 위해 왔지만, 다시 살아난 나사로를 보기 위해서도 몰려왔습니다. 그가 전에는 어땠는지 모르지만, 다가가 얼굴을 대하며 교제하고, 그에게 일어난 놀라운 일들에 대해 들어보고 싶은 사람으로 바뀌었습니다.

둘째, 10절입니다. "대제사장들이 나사로까지 죽이려고 모의하니"(요 12:10) 그 이후, 나사로가 이번에는 생명의 위협을 느낍니다. 그 어떤 허물도 발견할 수 없습니다. 단지 예수님으로부터 은총을 입었다는 사실 때문에, 예수님께 융숭한 접대를 한 것밖에 없습니다. 그런데 애매하게 생명의 위협을 느끼며, 고난을 당하고 있습니다. 바울은 말합니다. "자녀이면 또한 상속자 곧 하나님의 상속자요 그리스도와 함께 한 상속자니 우리가 그와 함께 영광을 받기 위하여 고난도 함께 받아야 할 것이니라"(롬 8:17) 베드로는 말합니다. "부당하게 고난을 받아도 하나님을 생각함으로 슬픔을 참으면 이는 아름다우나"(벧전 2:19) 주님께서는 말씀하십니다. "나로 말미암아 너희를 욕하고 박해하고 거짓으로 너희를 거슬러 모든 악한 말을 할 때에는 너희에게 복이 있나니"(마 5:11)

셋째, 11절입니다. "나사로 때문에 많은 유대인이 가서 예수를 믿음이러라"(요 12:11) 특별히 여기 유대인들은 나사로의 혈육과 이웃들입니다. 나사로의 친척들이 구원을 받았다는 것입니다. 바울의 큰 근심과 그치지 않는 고통이 무엇이었습니까? "나의 형제 곧 골육의 친척을 위하여 내 자신이 저주를 받아 그리스도에게서 끊어질지라도 원하는 바로라"(롬 9:3) 혈육이 예수 믿었으면 좋겠다는 바울의 애끓는 간절함을 엿볼 수 있습니다.

사랑하는 여러분! '나사로도', '나사로까지', '나사로 때문에' 이 세 가지가 다시 살아난 이후 나사로의 삶을 압축해서 보여주고 있습니다. 첫째, 나사로도 보려 함이었습니다(보려는 나사로). 둘째, 나사로까지 죽이려 했습니다(위협을 느끼는 나사로). 셋째, 나사로를 통해 믿게 되었습니다(믿게 하는 나사로). 이것이 그 후, 나사로의 삶이었습니다. 오늘 우리의 삶도 이러한 삶이 될 수 있기를 주의 이름으로 축원합니다.

▶학습문제

(1) 왜 나사로를 우리와 동일시할 수 있습니까?
   답 : 우리 역시 허물과 죄로 죽었다가 주님의 은혜로 살아났기 때문입니다(엡 2:1).
(2) 나사로 때문에 많은 유대인이 가서 예수를 믿었다는 것은 무엇을 의미합니까?
   답 : 나사로가 복음의 도구, 구원의 도구로 살아갔다는 것을 의

미합니다.

🌱 기도

하나님 아버지, 허물과 죄로 죽었던 우리를 다시 살려주셔서 감사드립니다. 이러한 구원의 은혜를 받은 우리도 다시 살아난 나사로처럼 살아가기를 원합니다. 우리도 나사로처럼 복음의 도구로 사용하여 주옵소서. 예수님의 이름으로 기도드립니다. 아멘.

🌱 중보기도

(1) 구원의 은혜를 받은 것으로만 그치는 삶이 되지 않게 하여 주옵소서.
(2) 다른 사람들이 예수 그리스도를 믿도록 하는 일에 헌신하게 하여 주옵소서.

> ▶ **만남의 준비**
> 요한복음 15:1-5을 읽고, 하늘 농부의 꿈이 무엇인지 생각해 봅시다.

38 하늘 농부의 꿈

> 성경 : 요한복음 15:1-5 (암송 말씀 5절)
> 찬송 : 495(통 271), 500장(통 258)
> 주제 : 하늘 농부, 즉 하늘 아버지의 꿈은 우리가 열매를 맺는 것입니다.

미국 전(前) 대통령인 버락 오바마(Barack Obama)가 쓴 자서전 "내 아버지로부터의 꿈"(Dream from my Father)을 보면, 그가 어떻게 하여 흑인 최초로 미국 대통령의 자리에까지 오르게 되었는지를 알 수 있습니다. 내 아버지는 농부였습니다. 아버지는 일제 강점기 영문도 모른 채 끌려가 해저 1km나 되는 하시마 섬(군함도) 지하에서 석탄을 캐는 일을 하셨습니다. 해방 이후에는 상처투성이 몸으로 가족들의 생계를 위해 농사를 지으셨습니다. 그래서인지 "내 아버지는 농부라"는 1절의 말씀이 그렇게 친근하게 다가올 수 없습니다.

1. 왜 주님께서 하나님을 농부에 비유하셨을까요?

요한복음 15장에서 제일 먼저 눈에 들어오는 것이 '나는 포도나무요 너희는 가지라'는 언급입니다(요 15:5). 하지만 오늘 말씀을 포도나무와 가지에 관한 비유의 관점에서만 바라보노라면 중요한 것 하나를 놓쳐버립니다. 그것은 1절에 등장하는 내 아버지입니다. "나는 참포도나무요 내 아버지는 농부라"(요 15:1) 왜 하필이면 주님께서 자신을 포도나무에 비유하셨을까요? 왜 하필이면 주님께서 하나님을 농부에 비유하셨을까요?

이스라엘은 비옥한 토지가 많지 않아 황무지를 개간하여 포도원을 만듭니다. 포도 묘목을 그곳에 심고, 끊임없이 물을 줘야 합니다. 가지치기를 해야 하고, 거름을 줘야 합니다. 지렛대를 세우고, 묶어 줘야 합니다. 해충을 잡아주고, 봉지를 씌워줘야 합니다. 여우가 자주 출몰해서(아 2:15) 망대를 높이 세워서 포도원을 밤낮으로 감시해야 합니다(사 5:2). 포도나무는 절대 자력으로는 포도나무일 수가 없고, 그 가지는 스스로 열매를 맺을 수 없습니다. 누가 있기에 가능한 일입니까? 농부입니다. 그래서 주님은 하늘 아버지, 농부이신 그분을 높이고 있습니다.

2. 하늘 농부의 꿈

이 하늘 농부의 꿈이 무엇일까요? 포도나무 가지에 대해 어떤 소원을 갖고 계실까요? "무릇 열매를 맺는 가지는 더 열매를 맺게 하려 하여"(요 15:2), "내 안에, 내가 그 안에 거하면 사람이 열매를 많이 맺나니"(요 15:5), "너희가 열매를 많이 맺으면 내 아버지께서 영광을 받으실 것이요 너희는 내 제자가 되리라"(요 15:8) 우리를 포도나무에 접붙이실 때 꿈과 소원은 열매를 맺는 것입니다. 열매를 맺되 더, 많이 열매를 맺는 것입니다.

그럼 어떤 열매를 기대하십니까? 첫째, 회개의 열매이다. "그러므로 회개에 합당한 열매를 맺고"(마 3:8) 둘째, 성령의 열매입니다. "오직 성령의 열매는 사랑과 희락과 화평과 오래 참음과 자비와 양선과 충성과 온유와 절제니"(갈 5:22-23) 셋째, 구원의 열매입니다. "형제들아 내가 여러 번 너희에게 가고자 한 것을 너희가 모르기를 원하지 아니하노니 이는 너희 중에서도 다른 이방인 중에서와 같이 열매를 맺게 하려 함이로되 지금까지 길이 막혔도다"(롬 1:13) 로마교회 성도들은 신앙 생활한 지 거의 30년이 되었습니다. 그런데 다른 사람들을 구원하여 하나님께로 인도하는 구원의 열매, 복음의 열매가 없었습니다.

하늘 농부이신 아버지의 소원, 꿈이 있습니다. 그것은 우리가 열매를 맺는 것입니다. 나는 과연 하늘 농부이신 그분이 기뻐하시는 열매를 맺고 있습니까? 회개의 열매, 성령의 열매, 구원의 열매를 맺고 있습니까? 회개의 열매는 내 자신을 비우는 것입니다. 성령의 열매는 비어진 내 심령에 예수를 채우는 것입니다. 구원의 열매는 이 땅에 수많은 심령을 구원하기 위해 오신 예수님처럼 사는 것입니다. 그 주님께서 말씀하십니다. "무릇 내게 붙어 있어 열매를 맺지 아니하는 가지는 아버지께서 그것을 제거해 버리시고"(요 15:2)

사랑하는 여러분! 그러므로 우리는 하늘 농부, 즉 하늘 아버지의 꿈을 이루어드려야 합니다. 그 꿈을 이루지 못하면 이런 종말을 맞이할 수 있습니다. 이런 사실을 기억하며, 하늘 아버지, 즉 하늘 농부의 꿈을 만족시켜드리는 우리의 남은 생애가 될 수 있기를 주의 이름으로 축원합니다.

▶학습문제

(1) 우리가 열매를 맺기 위해 누구의 도움을 반드시 필요로 합니까?
    답 : 하늘 아버지(하늘 농부)
(2) 하늘 아버지(하늘 농부)께서 우리가 맺기를 원하는 열매들은 무엇입니까?

답 : 회개의 열매, 성령의 열매, 구원(복음)의 열매

🌱 기도
하나님 아버지, 하늘 아버지의 도움으로 우리가 풍성한 열매를 맺게 됨을 감사드립니다. 이런 하늘 농부이신 하나님 아버지의 꿈을 생각하며, 회개의 열매, 성령의 열매, 구원의 열매를 맺는 우리 모두가 되게 하여 주옵소서. 예수님의 이름으로 기도드립니다. 아멘.

🌱 중보기도
(1) 하늘 농부의 꿈을 공유하는 하늘 아버지의 자녀들 되게 하여 주옵소서.
(2) 하늘 아버지께서 기뻐하시는 열매, 특히 구원의 열매를 맺기 위해 전도에 힘쓰는 자 되게 하여 주옵소서.

> ▶ **만남의 준비**
> 누가복음 15:25-32을 읽고, 나에게 과연 주님 품으로 돌아오는 자들에 대한 기쁨이 있는지 돌아봅시다.

39 맏이여, 기쁨을 회복하라

> 성경 : 누가복음 15:25-32 (암송 말씀 32절)
> 찬송 : 508(통 270), 509장(통 314)
> 주제 : 먼저 예수 믿은 자로서 돌아온 영혼에 대해 주님과 함께 기뻐할 수 있어야 합니다.

누가복음 15장의 그 유명한 탕자의 비유 앞부분에는 잃은 양의 비유, 열 드라크마의 비유가 등장합니다. 주님께서는 바리새인과 서기관들을 놓고 이 비유를 말씀하신 것이 분명합니다(눅 15:1-2). 그렇다면 여기 99마리의 양, 9개의 드라크마, 그리고 맏아들은 일차적으로 바리새인과 서기관들, 즉 아브라함을 조상으로 둔 유대인들을 뜻한다고 보면 틀림없습니다.

저들은 가장 먼저 하나님의 자녀들이 되었지만, '선민의식'이 싹트기 시작했습니다. 세리, 죄인들, 다른 민족들과 자신들을 구분했습니다. 그래서 이방인들이 아버지의 집에 들어와 아버지의 자녀가 되고, 구원받아 자신들과 동급이 되는 것에 대해 심히 못마땅하게 생각했습니다. 이 말씀이 오늘 우리와는 전혀 상관이 없는 말씀일까요?

1. 맏아들의 문제점
여기 두 아들은 죄악의 시궁창에서 건져져 하나님의 자녀가 된

자들임에 틀림없습니다. 한 걸음 더 나아가 둘째 아들은 이제 갓 처음 예수 믿게 된 초신자, 반면에 맏아들은 예수 믿은 연륜이 어느 정도 있는 자를 뜻한다고 할 수 있습니다. 그렇다면 우리 대부분은 맏이입니다. 여기 맏아들은 정말 훌륭하고 모범적인 신앙인입니다. 오늘날 아버지의 집인 교회에도 맏아들과 같은 충성스러운 자들이 있기에 교회가 존재합니다. 그런데 주님은 이 비유를 통해서 맏아들의 또 다른 면을 부각시키고 있습니다.

그의 마음에는 노함이 있습니다(눅 15:28). 입에서는 불평이 터져 나오고 있습니다(눅 15:29). 다른 사람을 정죄하고 있습니다(눅 15:30). 아버지에 대해서도 못마땅해 하고 있습니다. 동생을 동생으로 받아들이지 않습니다. 더 중요한 것 하나, 그의 발을 더 이상 집안으로 들여놓지 않습니다. 싸늘한 표정으로 혼자, 따로 놀고 있습니다.

왜 그에게서 기쁨이 사라졌을까요? 둘째가 집을 떠난 후 맏아들은 일하면서, 둘째 아들을 애타게 기다리고 있는 아버지를 발견합니다. 시간이 흘러도 아버지는 계속해서 여전한 모습으로 둘째를 기다리고 있는데 맏아들은 아버지의 마음을 애써 외면했습니다. 어느 틈엔가 맏아들의 얼굴이 굳어지고, 입에는 불평이 터져 나오고, 형제애가 사라지기 시작했습니다.

2. 어떻게 하면 맏이의 기쁨을 회복할 수 있을까요?

아버지가 진정으로 원하는 것은 동생을 찾아나서는 일이었습니다. 왜 아버지가 직접 찾아 나서지 않고 서 있었을까요? 맏아들이 그 일을 감당하기를 원했기 때문입니다. 맏아들이 동생을 찾아 나서면 그것이 아버지에게 기쁨이 되고, 그 기쁨이 맏아들에게 전달된다는 사실을 맏아들이 알지 못했던 것입니다.

　진정한 기쁨은 죽어가는 영혼을 구원하는 현장에 나타납니다. 누가복음 15장에는 기뻐한다는 말이 가장 많이 등장합니다. 예수님께로 자신의 사람들이 몰려간 사실을 듣고 세례 요한이 "신부를 취하는 자는 신랑이나 서서 신랑의 음성을 듣는 친구가 크게 기뻐하나니 나는 이러한 기쁨으로 충만하였노라"(요 3:29)고 하였습니다. 복음을 전하고 돌아온 70명이 말하였습니다. "칠십 인이 기뻐 돌아와 이르되 …"(눅 10:17).

　사랑하는 여러분! 오늘 나는 어떤 모습입니까? 맏아들은 땀 흘려 수고했지만, 지금 집 밖에 쓸쓸히 서 있습니다. 마음에는 분노가 가득 차 있고, 입에서는 불평이 터져 나오는 모습, 바로 저 유대인의 모습입니다. 오늘 먼저 믿는 우리의 모습이 이런 모습은 아닌지 깊이 묵상하고, "강권하여 데려다가 내 집을 채우라"(눅 14:23)는 말씀대로 우리가 곡괭이와 지게를 내려놓고, 예수 그리스도의 복음을 가지고 내 동생, 즉 내가 복음을 전해야 할 사람들에게로 찾아가야 합니다. 그리하여 하나님 아버지 품으로 돌아온 그들을 보면서 하나님 아버지와 함께 기뻐할 수 있는 우리 모두가 되기를 주님의 이름으로 축원합니다.

▶학습문제

(1) 맏아들의 문제점이 무엇이었습니까?

　　답 : 노함이 있습니다(눅 15:28). 불평이 있습니다(눅 15:29). 다른 사람을 정죄하고 있습니다(눅 15:30). 아버지에 대해서도 못마땅해 하고 있습니다. 동생을 동생으로 받아들이지 않습니다. 그의 발을 더 이상 집안으로 들여놓지 않습니다.

(2) 맏이의 기쁨을 회복할 수 있는 길은 무엇입니까?
　　답 : 복음의 증인으로서 잃은 영혼을 찾아나서 저들을 주님의 품으로 인도하는 것입니다.

🌱 기도

하나님 아버지, 아버지의 마음을 시원케 해드리는 신실한 하나님의 자녀로 살아가기를 원합니다. 아직 주님의 품으로 돌아오지 못한 영혼들을 위해 열정적으로 발 벗고 찾아나서는 복음의 증인으로 살아갈 수 있도록 도와주옵소서. 예수님의 이름으로 기도드립니다. 아멘.

🌱 중보기도

(1) 하나님 아버지의 마음을 헤아리는 영적 분별력을 갖게 하여 주옵소서.
(2) 증인된 삶을 통해 영혼 구원의 열정과 기쁨을 회복하게 하여 주옵소서.

> ▶ **만남의 준비**
> 요한복음 13:12-20의, 발을 씻긴다는 것이 무엇인지 생각해 봅시다.

40 발을 씻긴다는 것

성경 : 요한복음 13:12-20 (암송 말씀 14절)
찬송 : 220(통 278), 331장(통 375)
주제 : 제자들의 발을 씻겨주신 예수님의 모범을 따라 우리도 발을 씻겨주어야 합니다.

그날 밤, 유월절 만찬장에서 주님은 의외의 액션을 취하십니다. 유월절 식사를 중간에 멈추시고는 허리에 수건을 두르시고, 대야에 물을 떠 오셔서 제자들의 발을 씻기셨습니다. 전혀 예상치 못한 상황에 제자들은 무척 당황하며 몸 둘 바를 몰랐습니다. 이 액션을 통해 주님은 두 가지를 교훈하십니다. 발을 꼭 씻어야 하고, 발을 꼭 씻겨야 한다는 것입니다.

1. 제자들의 발을 씻겨주신 예수님

그날 밤, 주님은 발을 씻는 것이 중요하다는 것을 가르쳐주시면서 이렇게 말씀을 이어가십니다. "내가 주와 또는 선생이 되어 너희 발을 씻었으니 너희도 서로 발을 씻어 주는 것이 옳으니라 내가 너희에게 행한 것 같이 너희도 행하게 하려 하여 본을 보였노라"(요 13:14-15) 이번에는 '발을 씻겨야 한다.'는 점을 강조하십니다. 그럼 발을 씻긴다는 것은 무슨 뜻일까요? 먼저, 주님이 지금 어떤 상황에 직면해 계십니까?

주님께서 자신의 죽음이 임박했다는 사실을 알고 계셨습니다(요 13:1-2). 그 죽음이란, 가장 잔인하고, 고통스러운, 수치와 모욕까지 수반되는 치욕의 십자가 죽음을 말합니다. 그날이 바로 코앞임을 알고 계셨습니다. 그렇다면 다른 사람들을 돌아볼 겨를이 있을까요? 죽음의 그림자가 몰려오면, 다름 사람들을 생각할 여유가 없습니다. 그런데 그 상황에서 주님은 제자들의 발을 씻기십니다. 그만큼 중요하다는 뜻입니다.

저들은 잠시 후에는 다 주님을 떠날 자들입니다. 배신하고, 부인하고, 맹세하며, 저주까지 할 자들입니다. 가룟 유다는 호시탐탐 기회를 노리고 있는 자가 아닙니까? 그러니까 저들은 발을 씻겨줄 가치가 없는 자들입니다. 사랑할 가치조차도 없는 자들입니다. 그런데 이런 자들의 발이 눈에 들어왔습니다. 씻어야 할 더러운 발이었습니다. 이런 저들 앞에 겸손히 무릎을 꿇고 한 사람도 예외 없이 다 씻겨주십니다. 주님이 솔선수범하여 제자들의 발을 씻겨주셨고, 제자들도 서로 발을 씻겨야 함을 가르쳐주신 것입니다.

2. 발을 씻긴다는 것은 무슨 의미일까요?

그러면 구체적으로 '발을 씻긴다.' 는 것은 무엇을 뜻할까요? 첫째, 내가 낮아지는 것입니다. 상대의 발을 씻기기 위해서는 머리를 숙이고 엎드려야 합니다. 상대 앞에서 무릎을 꿇어야 합니다. "주 앞에서 낮추라 그리하면 주께서 너희를 높이시리라"(약 4:10), "그러므로 하나님의 능하신 손 아래에서 겸손하라 때가 되면 너희를 높이시리라"(벧전 5:6). 주님께서 하신 말씀 앞에 제자들은 얼굴이 화끈거렸을 것입니다. 조금 전까지 '누가 높으냐?' 로 다투다가, 결국 한 사람도 발을 씻지 않은 채 그 중요한 유월절 만찬에 참여했기 때문입니다.

둘째, 상대의 허물, 잘못을 벗겨주는 것입니다. 발의 때는 그 사람의 허물과 잘못, 즉 지은 죄를 비유하고 있습니다. 이 허물과 잘못을 내가 벗겨주고, 씻겨줘야 합니다. 쉽게 말하여 용서하고 덮어줘야 합니다. "너희가 사람의 잘못을 용서하면 너희 하늘 아버지께서도 너희 잘못을 용서하시려니와 너희가 사람의 잘못을 용서하지 아니하면 너희 아버지께서도 너희 잘못을 용서하지 아니하시리라"(마 6:14-15).

셋째, 불편을 감수하는 것입니다. 내가 불편을 감수하면 그 사람의 기분이 좋아집니다. 시원함을 느낍니다. 조그마한 부분에서부터 실천해봅시다. 예배 시간에 자리를 양보하는 것, 밝은 미소를 보이는 것, 상냥하게 말하는 것, 그래서 나를 떠올리면 기분이 좋아질 수 있도록 상대를 대하는 것, 그게 낮아지는 첫 걸음입니다.

사랑하는 여러분! 당신은 발을 씻고 있습니까? 그리고 다른 사람의 발을 씻기고 있습니까? "내가 주와 또는 선생이 되어 너희 발을 씻었으니 너희도 서로 발을 씻어 주는 것이 옳으니라"(요 13:14). 발을 씻고, 발을 씻기는 삶을 통해 주님께서 몸소 보이신 본을 따라 살아가는 우리 모두가 될 수 있기를 주의 이름으로 축원합니다.

▶학습문제

(1) 예수님께서 임박한 죽음 앞에서 자신을 돌보기 보다 제자들의 발을 씻겨주신 이유가 무엇입니까?

　답 : 발을 씻기는 것이 그만큼 중요하며, 제자들도 서로 발을 씻겨야 함을 가르쳐주시기 위해서입니다.

(2) 발을 씻긴다는 것은 무엇을 의미하는 것입니까?

답 : 첫째, 내가 낮아지는 것입니다. 둘째, 상대의 허물, 잘못을 벗겨주는 것입니다. 셋째, 불편을 감수하는 것입니다.

🌸 기도

하나님 아버지, 우리의 허물과 잘못을 씻겨주시고, 구원의 은혜를 베풀어주시니 감사드립니다. 이런 은혜를 받은 우리가 이제 다른 사람들의 발을 씻겨주는 삶을 살아갈 수 있도록 도와주옵소서. 예수님의 이름으로 기도드립니다. 아멘.

🌸 중보기도

(1) 예수님의 모범을 따라 예수님을 닮아가는 삶을 살게 하여 주옵소서.
(2) 다른 사람들의 발을 씻기는 삶을 살아가며, 온전한 섬김의 삶을 이루게 하여 주옵소서.

> ▶ **만남의 준비**
> 데살로니가전서 1:1-4을 읽고, 사랑의 수고가 무엇인지 생각해봅시다.

41 나의 사랑에는 '수고'가 있는가?

> 성경 : 데살로니가전서 1:1-4 (암송 말씀 3절)
> 찬송 : 212(통 347), 218장(통 369)
> 주제 : 우리는 감정적 사랑이 아닌 '사랑의 수고', 즉 의지적 사랑을 실천해야 합니다.

우리는 안개, 풀꽃 같은 존재입니다. 하지만 정말 사랑스럽고, 소중한 존재입니다(요 3:16). 하나님은 사랑이십니다(요일 4:8). 사랑이신 하나님께서 우리를 사랑하셨는데, 하나밖에 없는 독생자를 아낌없이 주실 만큼 사랑하셨습니다. 그러므로 우리는 너무너무 귀한 존재이며, 사랑스럽고 가치 있는 존재입니다. 그런데 우리가 가만히 있을 때 가치 있는 존재가 되는 것은 아닙니다(마 5:15). 하나님을 본받는 자 되는 것, 즉 그리스도께서 우리를 사랑하신 것같이 우리가 사랑할 때 진정으로 가치 있는 존재가 되는 것입니다(엡 5:1-2).

1. 데살로니가 교회는 사랑의 수고가 있었습니다

데살로니가교회가 그랬습니다. "너희의 믿음의 역사와 사랑의 수고와 우리 주 예수 그리스도에 대한 소망의 인내를 우리 하나님 아버지 앞에서 끊임없이 기억함이니"(살전 1:3). 저들의 믿음은 역사가 있는 믿음, 액션이 있는 믿음이었습니다. 데살로니가교회는 이 사랑이 있었는데, 바울이 할 말이 없고(살전 1:8), 쓸 것이 없을 정도였습니다(살전 4:9).

'사랑의 수고'(살전 1:3), 이게 무슨 뜻일까요? 성경이 쓰일 당시만 하더라도 헬라세계는 사랑을 표현할 때 주로 '에로스', 좀 더 고급스런 사랑을 표현할 때는 '필레오'란 단어를 사용했습니다. 당시 철학가, 문학가가 잘 사용하지 않았던 '아가페'란 단어를 성경에 끌어들인 사람이 있는데, 바로 사랑의 사도라 불리는 사도 요한입니다.

에로스는 사랑스러운 것을 사랑하는 것, 사랑할 가치가 있다고 생각하는 것을 사랑하는 사랑입니다. 남녀 간의 사랑, 철학자가 진리를 사랑하는 것, 누군가 정의를 사랑하는 것 등은 에로스입니다. 그러나 아가페는 사랑스럽지 않은 것, 사랑할 가치가 없기 때문에 사랑하는 것을 말합니다. 다시 말하면 조건적인 사랑이냐, 무조건적인 사랑이냐의 차이입니다.

영국 신학자 다아드는 아가페를 이렇게 정의합니다. "사랑은 감정이나 애정이 우선이 아니다. 아가페는 능동적인 결단이다. 즉 수동적이 아닌 능동적인 의지로 결정하는 것이 아가페다. 그러므로 감정은 명령될 수 없는데 비해서 사랑은 명령될 수 있다." 감정은 명령될 수 없습니다. 그런데 놀랍게도 성경은 우리에게 '사랑하라'고 명령하고 있습니다. 이것은 감정이 우선이 아니라 의지가 우선임을 알려주는 것입니다.

2. 사랑의 수고는 아가페 사랑을 실천하는 것입니다

하나님의 사랑은 아가페, 즉 의지적인 사랑이었습니다. 사랑할 만한 가치가 없는 우리를 위해 주님이 죽으셨는데, 이것이 아가페입니다. 그런데 오늘 본문 '사랑의 수고'에서 이 사랑을 '아가페'로 표현하고 있습니다. 데살로니가교회 성도들이 행했던 사랑이 아가페 사랑, 즉 의지적인 사랑이었다는 것을 강조합니다. 그래서 '사랑의 수고' 라고 말하는 것입니다. 의지적인 사랑에는 수고가 따르기 마련입니다. 수고를 달리 말하면 희생입니다. 사랑할 가치가 있어서 사랑한 것이 아니라 저들은 의지를 가지고, 아무런 조건이나 계산 없이 사랑했다는 것입니다. 구체적으로 어떤 사랑이었을까요?

첫째, 기다림입니다(살전 1:10). 사랑은 오래 참고(고전 13:4), 모든 것을 참으며, 모든 것을 견디는 것입니다(고전 13:7). 둘째, 유순입니다(살전 2:7). 핏덩이 아이를 엄마가 돌보는 것이 유순입니다. 셋째, 다가감입니다(살전 2:17). 넷째, 베풂입니다(살전 3:7). 다섯째, 용서입니다(살전 4:6). 이 다섯 가지 사랑이 주님께서 우리에게 행하신 사랑입니다. 이 다섯 가지는 감정이 아니라 의지가 있어야만 가능합니다. 그래서 이 사랑을 아가페라고 합니다.

사랑하는 여러분! 우리 모두가 이 사랑의 주인공이 될 수 있기를 바랍니다. 우리는 안개입니다. 우리는 풀입니다. 언젠가 사라질 것입니다. 그러므로 남은 생애 우리가 해야 할 것은 감정적인 사랑이 아니라, 사랑의 수고가 우리에게 있어야 합니다. 이 은혜가 우리 모두에게 넘칠 수 있기를 주의 이름으로 축원합니다.

▶학습문제

(1) 바울이 데살로니가교회의 어떤 점들을 칭찬하고 있었습니까?
　　답 : 믿음의 역사와 사랑의 수고와 우리 주 예수 그리스도에 대한 소망의 인내
(2) 사랑의 수고란 구체적으로 어떤 사랑을 이야기하는 것입니까?
　　답 : 아가페 사랑을 실천하는 것인데, 기다림, 유순함, 다가감, 베풂, 용서를 말합니다.

🌸 기도

하나님 아버지, 데살로니가교회처럼 우리도 사랑의 수고를 다하는 삶을 살기를 원합니다. 주님께서 우리에게 베풀어주셨던 아가페 사랑처럼 우리도 희생이 있는 사랑, 의지적인 사랑으로 사랑하는 삶을 살게 하여 주옵소서. 예수님의 이름으로 기도드립니다. 아멘.

🌸 중보기도

(1) 무조건적인 사랑, 수고와 희생을 다하는 사랑의 본을 보이게 하여 주옵소서.
(2) 주님께서 우리를 사랑하신 것처럼 우리도 그렇게 사랑하며 살아가게 하여 주옵소서.

> ▶ **만남의 준비**
> 여호수아 21:1-3, 41-42을 읽고, 크리스천으로서 내가 할 수 있는 일이 무엇인지 생각해봅시다.

42 그렇다면 우리는 어떻게 할 것인가?

> 성경 : 여호수아 21:1-3, 41-42 (암송 말씀 3절)
> 찬송 : 211(통 346), 213장(통 348)
> 주제 : 우리 주변의 소외되고 연약한 사람들을 위해 우리가
> 　　　사랑을 베풀 수 있어야 합니다.

'여러분은 행복하십니까?', '곁에 있는 사람이 여러분 때문에 행복을 느낍니까?' 오늘 크리스천이 안고 있는 결정적인 아킬레스건이 무엇일까요? 그것은 야고보서의 부재, 홀대, 외면입니다. 야고보서의 강조점은 '믿음을 보이라. 나는 행함으로 내가 가진 믿음을 보여주겠다. 행함이 없는 믿음은 죽은 것이다.' 라는 것입니다. 결국 '그렇다면 우리는 어떻게 할 것인가?', '믿음으로 구원받았다면, 어떻게 할 것인가?' 입니다.

1. 소외된 레위지파

가나안 정복(수 1-12장), 땅 분배(수 13-19장), 도피성 선정(수 20장), 그런데 이 모든 과정에서 레위지파가 소외되었습니다(수 13:14, 33, 14:3). 레위지파는 광야생활, 요단도하, 여리고 함락, 가나안 정복의 선봉장에 섰고, 솔선수범한 지파입니다. 왜냐하면 성막, 법궤를 제일 앞세워서 이동했기 때문입니다. 그런데 이들이 유독 땅을 분배받지 못한 이유는 하나님께서 저들의 기업이 되셨기 때

문입니다(수 13:14, 33, 민 18:24).

지금 레위지파가 땅 분배에 관한 요구를 하고 있습니다(수 21:1-2). 그러므로 본문의 '그때에'는 땅 분배사건(수 13-19장)과 연결됩니다. 실로에 무려 60만 명이 모여 땅을 제비뽑으며, 얼마나 좋아들 했을까요? 그런데 레위지파가 철저히 소외되었습니다. 손에 아무것도 없었던 레위인들이 엘르아살, 여호수아, 지파 족장들에게 성읍들과 목초지들을 요구했습니다(수 21:1-2). 바로 그때 놀라운 일이 나타납니다. "이스라엘 자손이 여호와의 명령을 따라 자기의 기업에서 이 성읍들과 그 목초지들을 레위 사람에게 주니라"(수 21:3).

2. 레위지파를 위해 힘쓰는 이스라엘

이스라엘 자손은 이미 제비 뽑아 기업을 받았으므로, 자기들 마음대로 할 수 있었습니다. 그런데 저들에게 하나님께서 이전에 말씀하셨습니다. 레위인에게 성읍들과 초장을 주라고 말입니다(민 35:1-3). 가난한 자와 거류민을 위하여 떨어진 곡물을 줍지 말라(레 23:22), 곡식과 포도를 나그네와 고아와 과부를 위하여 남겨두라(신 24:19, 21)는 말씀입니다. 이스라엘 자손이 이 하나님의 말씀을 떠올리며, 자기의 기업에서 성읍들과 목초지들을 레위사람에게 주었습니다(수 21:3). 자신들의 소유가 하나님께 소유권이 있음을 인정하고 있습니다.

첫째, 자기들이 받은 것, 자기 소유를 기꺼이 레위인들에게 주었습니다. 둘째, 열두지파 모두가 다 참여했습니다. 셋째, 많이 받은 지파는 많이, 적게 받은 지파는 적게 내놓았습니다(민 35:8). 넷째, 내놓되 그 중에서 좋은 성읍들을 골라서 내주었습니다. 다섯째, 심지어 교통요지, 가장 명당 자리였던 도피성까지도 기꺼이 내놓았습니다.

　우리는 하나님의 백성으로 땅, 자녀들을 기업으로 받았습니다. 지금 누리고 있는 모든 것, 하나님이 주셨습니다(대상 29:12, 창 33:5, 약 1:17). 그런데 기업을 받지 못하고, 도움을 필요로 하는 오늘의 레위인들이 내 곁에 있습니다. 왜 하나님께서 이런 레위인들을 우리 곁에 두셨을까요? 첫째, 우리의 경건을 위해서입니다(약 1:27). 둘째, 하나님께서 영광 받기 위해서입니다(마 5:16). 셋째, 우리에게 더 복 주시기 위해서입니다(눅 6:38). 영국 최고의 설교자 로이드 존스 목사가 이렇게 외쳤습니다. '만일 저더러 그리스도인을 정의해 보라면, 그리스도를 믿은 이후 자신이 세상에서 가장 행복한 사람이라고 느끼며, 다른 모든 사람도 자기와 같은 행복한 사람이 되기를 간절히 열망하는 사람이다.' 라고 말입니다.

　사랑하는 여러분! 다시 처음 질문을 던지겠습니다. '여러분은 행복하십니까?', '곁에 있는 사람이 여러분 때문에 행복을 느낍니까?' 우리가 하나님 앞에 섰을 때 하나님은 두 가지를 물으실 것입니다. "예수 믿고 행복했던가?", "예수 믿는 너 때문에 네 주변 사람이 행복을 느꼈던가?" 이 질문에 우리는 "예"라고 답할 수 있어야 합니다. 이 말씀을 마음에 품고, 세상을 향하여 나아가는 은혜가 있기를 주의 이름으로 축원합니다.

▶학습문제

(1) 레위지파가 유독 땅을 분배받지 못한 이유는 무엇입니까?
　　답 : 하나님께서 저들의 기업이 되셨기 때문입니다(수 13:14, 33, 민 18:24).

(2) 하나님께서 오늘의 레위인들을 내 곁에 두신 이유는 무엇입니까?

답 : 첫째, 우리의 경건을 위해서입니다(약 1:27). 둘째, 하나님께서 영광받기 위해서입니다(마 5:16). 셋째, 우리에게 더 복 주시기 위해서입니다(눅 6:38).

기도

하나님 아버지, 오늘 우리에게 풍성한 은혜와 사랑을 베풀어주시니 감사드립니다. 이렇게 은혜 주신 것은 내 곁의 연약한 사람들을 도와주라는 뜻인 줄 알고, 사랑을 베풀며 살아가는 신실한 주의 자녀들 되게 하여 주옵소서. 예수님의 이름으로 기도드립니다. 아멘.

중보기도

(1) 하나님께서 나의 기업이 되심을 기억하며 살아가게 하여 주옵소서.

(2) 내가 받은 하나님의 은혜를 다른 이들에게 나눠주는 일을 감당하게 하여 주옵소서.

> ▶ **만남의 준비**
>
> 시편 133:1-3을 읽고, 형제와 사랑으로 연합하는 삶이 왜 중요한지 생각해봅시다.

43 혼자 만들 수 없는 단어, 연합

성경 : 시편 133:1-3 (암송 말씀 1절)
찬송 : 208(통 246), 221장(통 525)
주제 : 하나님이 내 곁에 두신 사람들과 좋은 관계를 유지하는 것이 무엇보다 중요합니다.

정말 어려운 것은 '형제', 혹은 '한 민족'이라고 자처하는, 가까운 사람과의 관계입니다. 중국은 머리 위의 몽골과, 미국은 코밑의 쿠바와 껄끄러운 관계에 있습니다. 우리도 국경을 마주하고 있는 북한, 바다 건너 일본과 껄끄러운 관계입니다. 가까운 사람과의 관계를 잘 정립하는 것은 모든 사람, 모든 국가의 문제인 것 같습니다. 그래서인지 성경을 열면 제일 가까운 사이부터 문제가 불거져 점점 '관계 뒤틀림'이 확산되어 갑니다. 여러분은 누구와의 관계가 제일 힘듭니까? 누구 때문에 상처를 주고받고 있습니까? 내 곁의 배우자, 형제, 자녀, 이웃, 나아가 성도 상호간의 관계는 어떠합니까? 지금 나에게 절실한 것은 과연 무엇이며, 오늘 내가 안고 있는 문제를 해결하기 위해 해야 하는 일이 무엇입니까?

1. 짝을 이루고 있는 시편 133편의 단어들

다윗의 친구 요나단은 왕위에 앉을 서열 0순위였습니다. 그에게 다윗은 강력한 경쟁자, 라이벌, 정적(政敵)으로 떠올랐습니다. 그런데 요나단은 다윗을 자기 생명 같이 사랑합니다(삼상 18:1). 겉옷과 군복, 칼과 활과 띠까지 다윗에게 주었습니다(삼상 18:4). 다윗은 요나단의 전사 소식을 듣고, 애가를 부르며 안타까워했습니다(삼하 1:26). 다윗이 왕이 되었을 때 다리를 저는 요나단의 아들 므비보셋을 왕궁에 거하게 하면서 매일 함께 식사하도록 했습니다(삼하 9장). 여기 '형제' 라는 단어를 보면, 다윗이 요나단을 떠올렸음에 틀림없습니다.

다윗은 '보라'(hinne)로 시선을 끌면서 '형제, 연합, 동거' 라는 단어를 제시합니다. 또 '형제' 라는 단어로 시작하여 '영생' 이란 단어로 끝나는데 두 단어의 발음이 'ahim', 'hahim' 거의 같습니다. '기름'(shemen), '이슬'(tal) 역시 짝을 이루고, 3절의 '거기서'(shama), '기름'(shemen)이 음성학적으로 짝을 이룹니다. 1절의 '선하다', '아름답다' 가 한 쌍을 이루고, 2절에서 '수염'이 두 번 반복됩니다. 3절에서는 '시온'(tsiyon)과 '명하다'(tswa)가 음성학적인 평행을 이루고, '복'과 '생명' 한 쌍으로 나타납니다. 그러니까 시편 133편은 그야말로 '혼자 만들 수 없는 단어'의 집합체입니다.

하나님께서는 형제가 연합하여 동거하는 것을 기뻐하시는데 기뻐하시는 것으로 그치십니까? "거기서 여호와께서 복을 명령하셨나니 곧 영생이로다"(시 133:3). '거기' 는 형제가 연합하여 동거하는 현장입니다. 하나님께서 내 곁에 허락해주신 그 사람을 축복의 통로로 사용하셔서 나에게 은혜를 베풀어 주신다는 것입니다. 이를 일찍부터 터득했던 다윗은 일생 동안 형제가 연합하여 동거하는 삶을 살기를 힘썼습니다.

2. 좋은 관계를 유지하기 위해 힘쓴 다윗

그는 하나님께서 기름 부으신 사울을 괴롭혀서는 안 된다고 생각했습니다(삼상 24:5-7). 또 자신을 저주한 시므이를 용서합니다(삼하 19:23). 이런 다윗 곁에 항상 사람들이 많이 몰려들었습니다(삼상 22:1-2). 다윗이 어떻게 왕이 되었습니까? 소년 중 한 사람이 다윗을 사울 왕에게 천거하여(삼상 16:18) 이를 계기로 왕의 자리에 이른 것입니다. 요나단과도 좋은 관계를 유지하여 왕의 자리에 이르게 된 것입니다.

하나님께서 내 곁에 어떤 사람을 두셨을 때 그 사람과 좋은 관계를 유지해야 합니다. 특히 환난 당한 자, 빚진 자, 도움을 필요로 하는 자들이 나와 연결되었을 때 그를 외면하지 마십시오. 주님은 그 약한 자들을 자신과 동일시하고 계시기 때문입니다(마 25:40). 형제와 연합하여 동거하는 모습으로 주님께 나올 때 하나님께서 우리의 예배를 기쁘게 받으십니다.

사랑하는 여러분! 관계가 뒤틀리는 것은 혈관이 막히는 것과 같습니다. 하나님께서 축복의 통로로 그 사람을 내 곁에 두셨습니다. 하나님께서 나를 축복하시기 위해 내 곁에 그 사람을 붙여주셨다고 믿으며, 형제가 연합하여 동거하는 삶의 현장을 만들고, 하나님께서 거기에 내려주시는 복을 누리는 우리 모두가 될 수 있기를 주의 이름으로 축원합니다.

▶학습문제

(1) 시편 133편을 통해 볼 때 하나님께서 우리에게 은혜 베푸시는 곳은 결국 어디입니까?
　　답 : 형제가 연합하여 동거하는 곳

(2) 다윗 곁에 사람들이 몰려들었던 이유가 무엇입니까?
답: 자신 곁에 있는 사람들과 좋은 관계를 유지하기 위해 애썼기 때문입니다.

🌱 기도

하나님 아버지, 형제와 연합하여 동거하는 곳에 하나님의 은혜가 충만함을 깨닫습니다. 자신 곁에 있는 사람들과 좋은 관계를 유지하기 위해 애썼던 다윗처럼 형제 연합의 삶을 살아갈 수 있도록 도와주옵소서. 예수님의 이름으로 기도드립니다. 아멘.

🌱 중보기도

(1) 나 혼자서 신앙생활 할 수 없음을 깨닫게 하여 주옵소서.
(2) 내 곁에 있는 사람들과 좋은 관계를 유지하여 그곳에서 하나님의 은혜를 경험하게 하여 주옵소서.

> ▶ **만남의 준비**
>
> 요한복음 21:1-14을 읽고, 예수님께서 제자들에게 어떤 사랑을 베풀고 계신지 살펴봅시다.

44 과연 '최후의 만찬' 이었던가?

> 성경 : 요한복음 21:1-14 (암송 말씀 12절)
> 찬송 : 90(통 98), 134장(통 84)
> 주제 : 제자들을 위해 아침식사를 준비하신 주님처럼 우리도 사랑의 수고를 다해야 합니다.

기독교의 고난주간은 어디서 유래했을까요? 예수님의 수난이지만 그 클라이맥스는 잡히시기 전날 밤입니다. 그날 밤 예수님께서는 떡을 떼어주시면서 "이것은 내 몸이니라"하셨고, 잔을 주시면서 "이것은 나의 피 곧 언약의 피니라"고 하셨습니다(막 14:22-24). 바로 이 장면을 바탕으로 레오나르도 다빈치(Leonardo da Vinci)의 '최후의 만찬'(The Last Supper)이 탄생했습니다. 그날 밤 만찬이 과연 '최후의 만찬' 이었을까요?

1. 디베랴에 나타나신 예수님

"육지에 올라보니 숯불이 있는데 그 위에 생선이 놓였고 떡도 있더라"(요 21:9). "예수께서 이르시되 와서 조반을 먹으라 하시니"(요 21:12). 이 아침은 '최후의 만찬' 후 입니다. 그렇다면 그날 밤 만찬이 '최후의 만찬' 이 아닙니다. 주님은 최후의 만찬을 베푸시는 분이 아니십니다. 영원한 생명의 떡과 피로서 우리에게 찾아오시며, 아침 저녁으로 우리를 먹이시고, 입히십니다. 구체적으로 누구에게 이 아침을 베푸십니까?

"그 후에 예수께서 디베랴 호수에서 또 제자들에게 자기를 나타내셨으니 나타내신 일은 이러하니라"(요 21:1). 예수님께서 이곳에 나타나신 이유가 무엇일까요? "시몬 베드로와 디두모라 하는 도마와 갈릴리 가나 사람 나다나엘과 세베대의 아들들과 또 다른 제자 둘이 함께 있더니 시몬 베드로가 나는 물고기 잡으러 가노라 하니"(요 21:2-3). 이런 제자들을 바라보시면서 주님의 마음이 어떠했을까요? 얼마나 참담하셨을까요? 그런데 주님은 이 제자들을 어떻게 대하십니까? '그 후에', '또' 그 먼 곳으로 다시 찾아가십니다.

그 날 새벽 저들은 물고기를 잡고 있었습니다. 옛 일을 하고 있었습니다. 그런데 이상하게 물고기가 잡히지 않습니다. 단 한 마리도 말입니다. 만일 우리였다면, 이 상황에서 저들을 향해 야단치거나 호통을 쳤을 것입니다. 하지만 주님은 제자들을 야단치지 않으셨습니다. 호통치지 않으셨습니다. "얘들아 너희에게 고기가 있느냐"(요 21:5). 그 어디에서도 들을 수 없는, 가장 친근하고, 사랑스런 음성, 안타까움이 배어 있는 따뜻한 목소리였습니다. 그리고 이어서 말씀하십니다. "그물을 배 오른편에 던지라 그리하면 잡으리라"(요 21:6). 주님은 그들의 소원을 먼저 들어 주십니다. 물고기가 배에 가득 차도록 하십니다(요 21:6).

2. 따뜻한 사랑으로 아침 식사를 준비해 주신 예수님

그리고 이렇게 말씀하십니다. "와서 조반을 먹으라"(요 21:12). 제자들이 육지에 이르렀을 때, 숯불 위에 생선과 떡이 놓여있었습니다(요 21:9). 밤새도록 찬바람을 맞으며 그물질 했지만, 허탕이었습니다. 그러니 마음은 더 꽁꽁 얼어있었습니다. 주님은 저들의 언 몸을 녹일 숯불, 허기를 채울 음식을 준비하셨습니다. 아침식사를 준비하셨습니다. 그러면서 멋쩍은 저들에게 '와서 아침 먹자.' 라고 손을 잡아 이끄십니다.

여기서 그치지 않습니다. "예수께서 가셔서 떡을 가져다가 그들에게 주시고 생선도 그와 같이 하시니라"(요 21:13). 단 한 마디의 책망도 없이, 꾸짖음도 없이 아무 일도 없었다는 듯이 주님은 저들의 언 몸을 녹여주시고, 저들의 허기진 배를 채워주고 계십니다. 성경의 수많은 사건들 중 이 디베랴의 아침 식사만큼 아름답고, 가슴 뭉클한 장면이 있을까요? 이 디베랴의 아침 식사만큼 주님의 사랑의 깊이와 넓이와 길이가 표출된 현장이 또 있을까요?

사랑하는 여러분! 오늘 우리도 부활 주님을 믿는 자로서 이런 주님의 모습을 닮아가는 자가 될 수 있기를 바랍니다. 우리 주님은 '최후의 만찬' 그 무거운 분위기로 세상을 떠나지 않으셨습니다. 주님은 우리에게 아침 식사를 차려주시고, 친히 제자들을 섬기시는 그 모습으로 하늘로 올라가셨습니다. 그러므로 우리가 이 주님을 기억하면서 그 주님을 닮아 우리도 다른 사람들 섬기기를 힘쓰는 우리의 남은 생애가 될 수 있기를 주의 이름으로 축원합니다.

▶학습문제

(1) 예수님께서 그 이른 아침에 디베랴로 오신 목적이 무엇입니까?
   답 : 밤새 물고기 한 마리도 잡지 못한 제자들을 위해 아침 식사를 차려주시기 위해서입니다.
(2) 디베랴의 아침 식사를 준비해주신 예수님의 모습에서 무엇을 느낄 수 있습니까?
   답 : 옛 생활로 돌아간 제자들에게 야단치지 않으시고, 저들의

언 몸을 녹여주시고, 허기진 배를 채워주시기 위해 그저 묵묵히 준비하시는 예수님의 사랑을 느끼고, 배우게 됩니다.

❋ 기도

하나님 아버지, 실패와 좌절 가운데 빠져 있는 우리에게 다가오셔서 일어날 힘을 주시니 감사드립니다. 디베랴의 아침 식사를 친히 준비해 주신 예수님처럼 우리도 다른 사람들을 섬기는 자리에 있게 하여 주옵소서. 예수님의 이름으로 기도드립니다. 아멘.

❋ 중보기도

(1) 낙심하며 지쳐 있는 사람들에게 사랑을 베푸는 삶을 살게 하여 주옵소서.
(2) 제자들을 위해 묵묵히 사랑하시는 그 예수님의 사랑을 본받아 나도 남을 섬기는 자가 되게 하여 주옵소서.

> ▶ **만남의 준비**
> 마태복음 14:13-21을 읽고 감사의 기적에 대해 묵상해 봅시다.

PART 6

김창근 목사 편

11월 날마다 감사가 이어지는 달

    45 감사의 기적
    46. 여호와께 감사하라
    47. 감사가 만든 구원
    48. 하나님의 뜻을 구하는 그리스도인

12월 기쁜 성탄과 송구영신의 달

    49. 큰 기쁨의 소식
    50. 유대인의 왕
    51. 알파와 오메가
    52. 하나님의 나라에 합당한 자

45 감사의 기적

성경 : 마태복음 14:13-21 (암송 요절 19절)
찬송 : 587(통 306), 591장(통 310)
주제 : 그리스도인은 평생 감사하며 살면서 하나님의 응답과 기적을 체험해야 한다. 예수 그리스도께서 오천 명을 먹이신 이 사건은 최고의 기적이다. 이 기적의 중심에는 예수님이 계셨으며 예수님은 감사를 통해 기적을 일으키셨다.

감사 요법을 개발한 미시간 대학의 크리스 피터슨 교수는 "감사는 학습"이라고 말했습니다. 그는 감사하면 건강해지며, 몸과 마음이 아플 때 감사 요법을 적용하면 큰 효과가 있음을 과학적으로 입증했습니다. 예수님은 오병이어의 기적을 행하시기 전 먼저 하늘을 우러러 축사, 즉 감사하셨습니다. 성경에서 '감사'와 '축복'은 동의어로 사용되었습니다. 예수님은 적은 음식도 감사하시고 그 복이 나눠지도록 축복하셨을 때 기적이 일어났습니다.

1. 문제 해결의 중심에는 예수 그리스도께서 계셨습니다

예수님 말씀을 들으려고 모인 무리들이 온종일 굶었을 때 이들이 돌아가다 쓰러질까 염려하셨습니다. 이런 상황에서 제자들은 그들을 어떻게 먹일지 걱정하였습니다. 그러나 제자들은 그들 곁에 예수님이 계신다는 사실을 잊고 있었습니다. 예수님을 잊고 있기 때문에 탄식하고 포기했습니다. 마태복음 8장에 보면, 예수님과 제자들이 배를 타고 항해하는데 큰 풍랑을 만나 파선 위기에 처했습니다. 제자들은 배 안에서 곤하게 주무시는 예수님을 깨우면서 죽게 되었다고 탄식합니다. 제자들은 예수님을 믿지 못하고 두려워했던 것입니다. 가정과 사업에 어려움이 있지만 예수님이 계시면 해결됩니다. 인생의 어려움도 예수님이 계시면 해결됩니다. 그러므로 우리는 늘 예수님을 바라보며 예수님을 의지해야 합니다. 우리 안에, 우리 곁에 예수님이 계신다는 것을 믿을 때 평안과 소망이 있습니다. 그리스도인은 예수님과 함께 할 때 기적을 경험합니다.

2. 문제를 해결하는 기적은 예수 그리스도께서 무리를 불쌍히 여기심으로 일어났습니다

　오천 명을 먹이신 사건을 기록한 사복음서를 보면 기적의 중심에는 예수님이 무리를 불쌍히 여기시는 마음이 있습니다. 빈 들로 가신 예수님을 많은 무리가 따라왔습니다. 이들은 예수님의 말씀에 집중하며 시간이 가는 줄도 몰랐습니다. 그런데 예수님은 무리들을 걱정하셨습니다. 저들이 집까지 가려면 시장하고 지칠 것을 생각하셨습니다. 빈 들로 와서 말씀을 사모하는 영적으로 주리고 지친 목자 없는 양과 같이 유리 방황하는 모습을 보면서 불쌍히 여기십니다. 얼마나 배고프고 아프며 고통스러운가 걱정하시고 예수님은 많은 사람들의 병을 고치셨습니다. 이렇게 불쌍히 여기는 마음이 솟아오를 때 기적이 생깁니다. 참으로 불쌍히 여기는 마음이 기도가 될 때 하나님의 마음을 움직입니다. 그리고 하나님이 응답하셔서 능력이 나타나고 기적이 일어났습니다.

3. 문제를 해결하는 기적은 예수 그리스도께서 하나님께 감사할 때 일어났습니다

예수님은 무리를 앉히시고 떡 다섯 개와 물고기 두 마리를 가지시고 하나님께 감사의 기도를 드리셨습니다. 그리고 떡을 떼어 제자들에게 주시고 제자들이 무리에게 나눌 때 5천명이 먹고 열두 광주리가 남는 기적이 일어났습니다. 하나님을 경배하며 감사하며 찬양하는 것은 놀라운 권세가 있습니다. 문제 앞에서도 두려워하지 않고 하나님을 예배하며 경배할 때 하나님께서 대적을 물리쳐 구원하시는 역사를 체험할 수 있습니다. 우리들이 문제를 해결하기에 급급하면 결국은 파멸합니다. 그러나 모든 문제는 하나님께 맡기고 먼저 기도하고 감사하며 하나님을 향한 경배와 찬양이 일어나면 하나님이 일어나 대신 일하십니다. 우리가 하나님께 온전히 예배드리며 감사와 영광을 돌리면 하나님이 역사하십니다. 언제나 문제보다, 상황보다 크신 하나님을 바라보며 어려울수록 주님께 감사하면 하나님이 응답하십니다.

▶학습문제

(1) 인생에서 어려운 문제를 만날 때 제일 먼저 해야 할 일은 무엇입니까?
  답 : 문제를 해결하기 어려운 상황 중에 예수님을 의지하고 바라보아야 합니다.
(2) 예수님께서 문제를 해결하시는 일을 통해 배울 것은 무엇입니까?
  답 : 어떤 상황 속에서도 하나님을 의지하고 감사하는 태도입니다.

기도

하나님 아버지, 어렵고 힘든 상황 속에서도 함께 하시는 주님을 의지하게 하옵소서. 불안과 두려움 대신 믿음을 주시고, 불평과 원망 대신 감사하게 하소서. 어려움 속에 있는 무리들을 불쌍히 여기시는 예수님의 마음을 주옵소서. 주님과 함께 인생의 문제들까지도 감사하며 나누는 기적의 현장 되게 하소서. 예수님의 이름으로 기도합니다. 아멘.

중보기도
(1) 불평과 원망이 가득한 우리 사회에 감사와 긍휼이 넘치는 은혜가 있게 하소서.
(2) 풍요로움 속에서 궁핍을 경험하는 이웃들을 기억하며 나누는 사랑의 역사가 일어나게 하소서.

> ▶ 만남의 준비
> 시편 106:1-5을 읽고 모든 상황에서 믿음으로 감사하는 신앙인의 삶을 묵상합시다.

46 여호와께 감사하라

> 성경 : 시편 106:1-5 (암송 요절 1절)
> 찬송 : 305(통 405), 310장(통 410)
> 주제 : 성경은 그리스도인에게 항상 감사하라고 가르친다. 하나님은 선하시며 의로우시므로 범죄한 이스라엘을 징계하신다. 그러나 그들이 회개하면 언제나 용서해 주시고 받아주신다. 저들을 징계함도 사랑 때문이므로 하나님께 감사하며 사는 것이 성도의 본분이다.

구약 시대에 유월절과 맥추절과 수장절, 삼대 명절이 있었습니다. 유월절은 애굽에서 구원해주신 하나님의 은혜를 감사하며, 맥추절은 밀이나 보리를 거두어들이고 감사하며, 수장절은 곡식을 거두어들이고 들에 나가 나뭇가지로 초막을 짓고 감사하는 절기입니다. 구약의 삼대 절기는 모두 하나님께 감사하는 절기입니다. 이는 감사하는 생활이 얼마나 중요한가를 잘 가르쳐줍니다. 불평하고 원망하는 습관을 버리고 항상 감사하는 습관을 가져야 합니다.

1. 하나님의 백성은 하나님께 항상 감사해야 합니다

17세기 시인 조지 허버트는 다음과 같이 기도했습니다. "하나님, 주님은 제게 너무나 많은 것을 주셨나이다. 하지만 제게 한 가지만 더 주십시오." 그것이 무엇입니까? 바로 감사하는 마음입니다.

"많이 주셨는데 감사하는 마음을 하나 더 주셨으면 좋겠습니다." 감사를 놓치면 우리 인생의 모든 축복들이 불평과 원망할 일로 바뀝니다. 그러나 우리가 감사하기 시작하면 모든 것이 하나님의 은혜이며 소중한 것임을 알게 됩니다. 건강과 평안과 믿음을 주신 모든 일에 감사할 수 있습니다. 그 이유는 우리가 가진 것 중에 하나님이 선물로 주지 않으신 것이 하나도 없기 때문입니다. 시편 기자는 하나님께 감사하며 찬양을 올리라고 선언합니다. 하나님은 선하시며 인자하심이 영원하며 권능이 무한하시기 때문입니다. 하나님은 우리의 행위에 따라 심판하지 않으시고 인자와 긍휼을 베푸십니다. 또한 매일 먹을 양식을 주시고 가족과 이웃과 교회를 주셨습니다. 그러므로 항상 하나님께 감사하며 살아야 합니다.

2. 하나님의 백성의 진정한 삶은 감사함으로 하나님을 기쁘시게 해드리는 삶입니다

우리는 인생을 살면서 생명을 주신 하나님이 얼마나 큰 복을 주셨는지 잊고 살 때가 많습니다. 그래서 감사하기보다 불평하고 원망하며 살 때가 더 많습니다. 삼중고의 헬렌 켈러는 우리에게 말합니다. "내일이면 귀가 안 들릴 사람처럼 새들의 지저귐을 들어보라. 내일이면 냄새를 맡을 수 없는 사람처럼 꽃향기를 맡아보라. 내일이면 더 이상 볼 수 없는 사람처럼 이 세상을 바라보라." 감사를 잃어버리면 하나님이 은혜로 주신 것들이 보이지 않습니다. 그러나 감사하기 시작하면 모든 세상이 하나님의 선물임을 발견하게 됩니다. 인생을 풍요롭게 사는 비결은 하나님을 기쁘시게 하는 삶입니다. 하나님의 백성들이 받은 은혜를 기억하며 감사할 때 하나님은 기뻐하십니다. 디모데후서 3장 2절에 말세가 되면 벌어질 징조 중 하나가 감사가 사라지는 일이라고 말씀합니다. 하나님께 감사할 때만 계속 하나님의 복을 누릴 수 있음을 기억해야 합니다.

3. 하나님의 백성들은 다음 세대들이 감사하도록 가르치며 훈련해야 합니다

탈무드는 지혜로운 사람은 배우며, 행복한 사람은 감사한다고 말합니다. 행복하면 감사하겠다고 생각하지만 감사할 때만 행복해집니다. 소유가 많으면 행복하고 적으면 불행하다고 생각합니다. 그러나 부족해도 감사하는 사람이 행복합니다. 아무리 풍요로워도 불평하면 불행합니다. 그래서 감사는 행복의 문을 여는 열쇠라고도 말합니다. 한 연구조사에 의하면 매일 교회에 나와 감사하며 찬양하는 사람들은 평균 수명이 7년이 더 길다고 합니다. 하나님을 생각하며 감사하는 삶 자체가 행복입니다. 그러므로 자녀들에게 믿음으로 하나님께 감사하도록 가르쳐야 합니다. 우리 인생의 작은 것까지라도 하나님의 선물이기에 감사하며 살 때 삶을 바로 살게 됩니다. 가장 귀한 유산은 언제나 감사하며 사는 신앙 생활입니다.

▶학습문제

(1) 하나님께서 이스라엘 백성들에게 감사의 생활을 명령하신 이유는 무엇입니까?

   답 : 선하시며 인자하신 하나님이 은혜를 베푸시고 모든 것을 선물로 주셨기 때문입니다.

(2) 하나님의 백성들이 후손에게 감사의 삶을 가르쳐야 하는 이유는 무엇입니까?

   답 : 하나님께 감사하며 예배하는 믿음의 생활만이 하나님을 기

쁘시게 하기 때문입니다.

❋ 기도

하나님 아버지. 말세가 되어 감사의 마음을 잃어버리고 사는 사람이 많아집니다. 그러나 오늘의 교회와 성도들이 믿음으로 하나님께 감사하며 살게 하소서. 부족하고 어려워도 하나님을 바라보며 감사하며 하나님을 기쁘시게 하게 하소서. 믿음의 자녀들이 감사할 줄 알고 믿음으로 살아가는 은총을 더하여 주옵소서. 예수님의 이름으로 기도합니다. 아멘

❋ 중보기도

(1) 우리 민족이 겸손히 하나님이 주신 것을 고백하며 감사하며 살게 하소서.
(2) 한국 교회가 다음 세대에게 믿음과 감사를 가르치며 훈련하게 하소서.

> ▶ **만남의 준비**
> 마태복음 26:26-30을 읽고 진정한 구원이 감사로 이어짐에 대해 묵상합시다.

47 감사가 만든 구원

> 성경 : 마 26:26-30 (암송 요절 27절)
> 찬송 : 229(통 281), 438장(통 495)
> 주제 : 이 시대의 큰 문제는 감사를 잃어버리고 사는 삶의 태도이다. 감사란 깊은 생각과 깨달음에서 온다. 하나님의 은혜로 주신 것을 믿고 겸손하게 받을 때 감사하게 된다. 신앙의 성숙과 행복은 감사의 양으로 측정된다.

이 시대에 우울증으로 고통을 호소하는 사람들이 많습니다. 문명은 발전하고 물질은 풍성한데 역설적인 상황입니다. 이를 통해 행복은 물질과 정비례하는 것은 아님을 깨닫습니다. 행복은 상황과 관계없이 감사하는 마음에 찾아옵니다. 그리스도인은 얼마나 감사하며 사는지 점검해야 합니다. 감사가 크면 행복도 커지고 작으면 행복은 작아집니다. 행복은 겸손하게 주어진 것에 감사할 때 찾아옵니다. 우리의 신앙도 감사할 때 깊고 바른 신앙이 됩니다.

1. 예수님은 고난 앞에서도 하나님을 바라보시며 감사하셨습니다

감사의 조건은 하나님을 향한 집중입니다. 하나님을 바라볼 때만 진정한 깨달음과 감사가 가능합니다. 예수님께서 십자가를 열두시간쯤 앞에 두고 계실 때입니다. 가장 잔인하고 고통스러운 십자가의 죽음이 다가 오고 있었습니다. 이때 예수님은 제자들과 최후의 만찬을 나누시며 성만찬 예식을 제정하셨습니다. 예수님은 떡과 잔을 나누시며 감사기도를 하셨습니다. 오병이어의 기적을 행하실 때도 예수님은 하늘을 향하여 축사 곧 감사하셨습니다. 감사는 오직 하나님만을 바라볼 때 가능합니다. 그리스도인은 하나님 한 분만으로 감사해야 합니다. 하나님은 모든 것을 창조하시고 우리를 사랑하시는 분이기 때문입니다. 세상 사람이 소유한 것이 내게 없어도 하나님이 나와 함께 하시므로 항상 감사해야 합니다. 바이올리니스트 정경화는 믿는 사람의 첫째는 감사라고 강조합니다. 세상이 알아주지 않아도 예수님을 알고 예수님이 나와 함께 하심을 깨닫아 하나님께 감사하고 찬양할 수 있어야 합니다.

2. 예수님은 하나님의 역사 하심을 믿으며 감사하셨습니다

신약 성경에 보면 '감사'와 '축복'이 동일하게 사용됩니다. 예수님은 오병이어의 기적을 행하시기 전 축사하셨다고 기록되었습니다. 예수님은 5천 명 앞에서 오병이어를 두고 감사하셨습니다. 작은 음식도 하나님이 허락하셨음을 믿고 감사하셨습니다. 또한 하나님이 작은 것을 통해 큰 일을 행하실 것을 믿고 축사하셨습니다. 감사와 축사가 오천 명을 먹이는 기적을 만들었습니다. 스펄전 목사는 "한 자루의 촛불을 인하여 감사하는 자에게는 별빛을 주시고, 별빛을 인하여 감사하는 자에게는 달빛을 주시고, 달빛을 인하여 감사하는 자에게는 햇빛을 주시고, 햇빛을 인하여 감사하는 자에게는 햇빛도 필요 없는 천국을 주신다"고 했습니다. 우리 삶에서 아무리 작은 것도 하나님께서 허락하신 것임을 믿고 감사해야 합니다. 그럴 때 또 다른 기적과 축복이 일어납니다.

3. 예수님은 십자가를 앞에 두고 하나님의 구원을 믿고 감사하셨습니다

예수님은 최후의 만찬에서 하나님께 감사하셨습니다. 예수님의 죽으심이 인류를 구원할 것을 믿으셨기 때문입니다. 예수님은 십자가의 고통과 죽음이 인류를 구원하시려는 하나님 뜻의 완성임을 믿으셨습니다. 그러므로 십자가 죽음의 잔도 감사로 받으셨습니다. 예수님은 십자가 위에서 하나님의 백성을 위해 당신의 생명을 주셔야 했습니다. 최후의 만찬에서 예수님이 나누어주시는 떡은 십자가에서 찢기실 주님의 몸이요, 나누어 주시는 잔은 주님이 흘리셔야 할 보혈의 잔이셨습니다. 이렇게 예수님께서는 십자가를 앞에 두시고도 감사의 기도를 드리셨습니다. 그리고 그 십자가를 감사하며 나가셨기에 우리가 구원을 받을 수 있는 것입니다. 예수님은 십자가를 향한 하나님의 뜻을 믿고 감사의 기도를 드리셨습니다. 이제 우리는 항상 주님의 구원을 감사하며 십자가 복음을 전해야 합니다.

▶ **학습문제**

(1) 예수 그리스도께서 십자가 앞에서도 감사하셨던 이유는 무엇입니까?
  답 : 인류의 구원 계획을 이루시는 하나님의 뜻을 믿으셨기 때문입니다.
(2) 그리스도인이 여러 가지 문제 앞에서 취할 태도는 무엇입니까?
  답 : 예수 그리스도께서 하나님만 바라보셨던 것 같이 하나님을 의지하여야 합니다.

🌸 기도

하나님 아버지. 예수 그리스도께서 십자가를 앞에 두고 감사하셨던 것처럼 모든 상황 속에서도 감사하는 그리스도인이 되게 하소서. 작은 일에도 감사하고 작은 것에도 감사할 수 있게 하소서. 내 뜻보다 하나님의 뜻이 이루어짐을 감사하며 하나님의 나라를 먼저 구하는 믿음의 성도가 되게 하소서. 예수님의 이름으로 기도합니다. 아멘

🌸 중보기도

(1) 한국 교회가 어려움과 역경 속에서도 십자가를 지신 주님을 따르게 하소서.
(2) 십자가 앞에서도 감사하셨던 예수님처럼 언제나 감사하는 성도가 되게 하소서.

> ▶ **만남의 준비**
> 데살로니가전서 5:16-18을 읽고 내 인생을 여기까지 인도하신 하나님의 행하심을 묵상합시다.

48 하나님의 뜻을 구하는 그리스도인

성경 : 데살로니가전서 5:16-18 (암송 요절 18절)
찬송 : 589(통 308), 591장(통 310)
주제 : 모든 종교는 내 뜻을 이루어줄 신을 찾지만 기독교 신앙은 하나님의 뜻을 이루는 것을 목적으로 한다. 그러므로 바른 신앙은 하나님의 뜻을 아는 데서부터 시작된다. 우리를 향하신 하나님의 뜻인 기쁨과 기도와 감사로 살아야 한다.

　기독교 역사상 가장 위대했던 영적 운동 중 하나가 13세기 이태리에서 프랜시스를 중심으로 일어납니다. 그는 "내 교회를 다시 지으라"는 하나님의 음성을 듣게 됩니다. 그가 복음을 전하기 시작하자 따르는 무리들이 생기고 위대한 부흥 운동이 시작됩니다. 그는 그의 영적 운동은 전적인 하나님의 뜻이었다고 고백합니다. 오늘 우리도 하나님의 뜻을 따라 살아야 합니다. 그러면 우리를 향하신 하나님의 뜻은 무엇입니까?

1. 그리스도 안에서 우리를 향하신 하나님의 뜻대로, 항상 기뻐해야 합니다

　바울은 그에게 전도를 받아 그리스도인이 되었지만 그로 인해 핍박을 받고 시험에 처한 데살로니가 교인들에게 편지를 쓰고 있습니다. 그들이 환난과 시험을 받고 있지만 영적으로 그리스도 안에 있습니다. 그러므로 사도 바울은 그리스도 안에 있기에 항상 기뻐하라고 권면합니다. 구원받은 성도들의 특권과 의무는 항상 기뻐하는 것입니다. 프랜시스와 그를 따르는 무리들은 가난했지만 늘 행복으로 가득했다고 합니다. 이들은 거룩한 기쁨에 취해서 이 마을에서 저 마을로 다녔습니다. 그가 경험하는 기쁨은 성령 안에서의 기쁨이었고 수많은 사람들이 하나님께로 돌아오게 하는 영적 운동이 되었습니다. 예수님께서는 밭에 감춰진 보화를 발견한 사람을 비유로 드셨습니다. 비유 속의 인물은 보화를 발견하고 너무나 기뻐해서 집에 있는 것을 다 팔아버립니다. 바울이 감옥에 있었지만 그리스도 안에서 누리는 기쁨을 경험하며 서신을 통해 항상 기뻐하라고 한 것처럼 우리는 항상 기뻐해야 합니다.

2. 그리스도인은 하나님의 뜻대로 항상 믿음으로 기도해야 합니다

사도 바울은 쉬지 말고 기도하라고 말하였습니다. 기도하려면 기도의 이유와 방법을 알아야 합니다. 기도하는 이유는 하나님을 더욱 더 알아가며 하나님의 뜻을 알고 하나님의 뜻대로 살기 위함입니다. 그러므로 기도할 때 하나님의 뜻을 따라 구해야 합니다. 그리고 기도하는 사람은 쉬지 말고 기도해야 합니다. 쉬지 않고 기도하려면 멈추지 말고 하나님을 생각하며 종일 말씀으로 살아야 합니다. 즉 하나님께 붙들린 삶을 살아야 합니다. 욥은 보통 사람은 견디기 힘든 시련을 여러 번 겪었습니다. 그러나 어둠과 고통 속에서도 욥은 끝까지 믿음을 잃지 않고 기도했습니다. 그는 결국 듣기만 하던 주님을 뵈옵는 복을 받았습니다(욥 42:5). 사탄은 고통을 통하여 우리를 절망케하고 믿지 못하게 합니다. 그러나 고난 중에 믿음을 가지며 소망으로 기도하는 자에게 하나님은 은혜를 주십니다. 당장 회복의 기미가 보이지 않아도 하나님을 믿고 기도하면 하나님께서는 반드시 역사하십니다.

3. 하나님의 뜻은 범사에 감사하는 마음을 가지고 사는 것입니다

바울은 하나님의 뜻이 범사에 감사함으로 승리하는 생활이라고 말합니다. 하나님은 우리를 사랑하셨고 그 아들을 보내셔서 십자가를 지게 하심으로 우리를 구원하셨고 자신의 사랑을 확증하셨습니다. "우리가 아직 죄인 되었을 때에 그리스도께서 우리를 위하여 죽으심으로 하나님께서 우리에 대한 자기의 사랑을 확증하셨느니라"(롬 5:8) 18세기 영국 교회 목사 윌리엄 로는 말했습니다. "세상에서 가장 훌륭한 성인은 기도를 가장 많이 하거나 금식을 많이 하는 사람이 아닙니다. 헌금을 가장 많이 하는 사람도 아닙니다. 항상 하나님께 감사하는 사람, 매사에 하나님의 뜻을 자기의 뜻으로 삼고 늘 하나님을 찬양할 준비가 되어 있는 사람입니다." 성도는 범사에 감사하여 하나님께 영광을 돌려야 합니다.

▶학습문제

(1) 그리스도인이 세상을 살아가면서 가장 중요한 것은 무엇입니까?
　　답 : 그리스도인은 예수 그리스도 안에서 하나님의 뜻을 이루는 삶을 살아야 합니다.
(2) 그리스도 안에서 우리를 향하신 하나님의 뜻은 무엇입니까?
　　답 : 항상 기뻐하며, 쉬지 말고 기도하고, 범사에 감사해야 합니다.

🌸 기도

하나님 아버지. 참된 그리스도인이 되어 언제나 세상과 자기의 뜻이 아닌 하나님의 뜻을 이루기를 원합니다. 언제나 그리스도 안에서 기뻐하는 생활을 하게 하소서. 주님의 말씀을 묵상하며 쉬지 않고 기도하게 하소서. 어떤 상황에서도 주님 안에 있고 말씀대로 감사하는 그리스도인이 되게 하소서. 예수님의 이름으로 기도합니다. 아멘

🌸 중보기도

(1) 한국 교회가 세속적인 욕망에서 벗어나 하나님의 뜻대로 서게 하소서.
(2) 오늘의 그리스도인들이 항상 기뻐하며 쉬지 않고 기도하며 범사에 감사하게 하소서.

> ▶ **만남의 준비**
> 누가복음 2:8-14을 읽고 하나님의 아들 예수 그리스도께서 인간으로 오심을 묵상합시다.

49 큰 기쁨의 소식

성경 : 눅 2:8-14 (암송 요절 10절)
찬송 : 108(통 113), 122장(통 122)
주제 : 기독교 신앙의 핵심은 창조주 하나님께서 아들을 보내셔서 인간이 되게 하시고, 십자가에서 고난을 받으시고 부활하셔서 그분을 믿는 자들을 하나님의 자녀 삼으신다는 것이다. 성탄을 맞이하며 전능하신 영광의 하나님께서 인간이 되신 의미를 알아야 한다.

빅토르 위고의 소설 "레미제라블"은 전쟁과 아픔, 억압과 폭력이 가득한 세상에서 어떻게 내일을 소망할 수 있는가를 묻습니다. 주인공 장발장은 딸 코제트에게 그의 인생을 이렇게 정리합니다. "증오로 가득하고 죽을 수밖에 없는 한 죄인에게 사랑이 임했고, 너를 통해 그 사랑을 배워 나갔다." 작품에서 장발장은 자신을 죄인으로 보지만 그가 예수님의 은혜로 구원 받음을 말해 줍니다. 예수님은 고통과 슬픔 많은 세상에 큰 기쁨의 소식으로 오셨습니다.

1. 큰 기쁨의 소식은 우리를 위하여 구주가 나셨다는 소식입니다

예수님이 태어나셨을 때 천사는 우리를 위하여 그리스도께서 구주로 오셨다고 알려 주었습니다. 이 땅 위에 오신 하나님의 아들, 예수님이 누구시며, 무엇을 위해 오셨는지, 성육신의 목적을 알려 주었습니다. 예수 그리스도를 선지자나 교사나 성인으로 고백할 때가 있습니다. 그러나 예수님을 구주로 알지 못한다면 그분을 바로 아는 것이 아닙니다. 예수님은 십자가에 피 흘리심으로 우리를 구속하셨고, 죽으심으로서 우리를 죄 가운데서 건지신 구주이십니다. 예수 그리스도께서 우리 가운데 오신 가장 중요한 목적은 죄로부터 그 백성을 구원하신 것입니다. 유대인들은 구주를 고대하고 있었습니다. 로마의 멍에를 끊어버리고 이방 세력의 속박에서 그들을 구원하실 자를 고대하였습니다. 그러나 하나님의 아들 예수님은 그런 목적으로 오시지 않았습니다. 더 영적인 문제의 구원자로서 오셔서 그 백성들을 그들의 죄에서 구원하셨습니다. 우리 구주 예수께서 성탄의 큰 기쁜 소식이 되셨습니다.

2. 큰 기쁨의 소식은 예수님이 우리를 구원하시고 하나님과 우리를 화목하게 하심입니다

하나님의 영광은 우리를 구원하실 때 가능하며 우리의 구원은 하나님과 화목함입니다. 하나님이 사람이 되셔서 평화를 주시기 위하여 오셨습니다. 평화는 '샬롬'이요 화평입니다. 사람들은 마음의 평화를 위해 술을 마시고 사람을 만나고 큰 일을 도모합니다. 그러나 모두 실패하고 맙니다. 진정한 마음의 평화는 하나님과 화목할 때만 가능합니다. 성경은 예수님이 오시기 전 인간은 하나님과 원수 되었다고 말씀합니다(골 1:21). 인간은 죄를 짓고 하나님과 원수가 되었습니다. 하나님은 인간과 화해하려고 노력하였지만 인간은 반응하지 않았습니다. 하나님은 아들을 보내시며, 우리와 화목하려고 하십니다. 참소하는 자 사탄은 정죄하기 위해 옵니다. 그러나 예수님은 우리를 죄에서 구원하시려고 오셨습니다. 예수님은 우리의 죄를 사하시고 구원하셔서 하나님과 화평케 하십니다. 우리의 구원자로 오시는 예수님은 두려움을 떨쳐내시고 우리에게 평안과 평화를 주셨습니다.

3. 큰 기쁨의 소식은 예수님이 우리를 이웃과 화목하게 하신 것입니다

예수님을 믿고 하나님과 평화를 누리게 된 사람은 놀라운 능력을 받습니다. 즉 다른 사람을 용서하고 이웃 간에 화평케 하는 능력입니다. 평화로 오신 예수님 때문에 이웃을 사랑할 수 있는 능력이 내 안에 생기는 것입니다. 평화의 왕 예수님이 마음을 다스리시는 그 은혜 때문에 이웃을 용서하고 화해하게 됩니다. 구원을 받고 영생을 얻으면 새로운 삶을 살게 됩니다. 잘 알려진 크리스마스 캐럴의 주인공 스크루지는 금고에 돈만 쌓아두기 위해 살던 자신의 현재 삶이 얼마나 불행한지를 성탄절 전야에 깨닫고 후히 베푸는 사람으로 변합니다. 성탄절을 맞아 우리는 '모든 사람과 더불어 화목하라'(롬 12:18)는 주님의 말씀대로 살아야 합니다. 큰 기쁨의 좋은 소식인 성탄을 맞이하여 이 세상에 하나님 나라의 기쁨이 임하고 주님이 영광을 받으시는 삶을 사시기 바랍니다.

▶학습문제

(1) 예수 그리스도께서 인간이 되심이 큰 기쁨의 소식인 이유는 무엇입니까?
　　답 : 예수 그리스도께서 오신 목적이 죄로부터 그 백성을 구원하신 것이기 때문입니다.
(2) 구원받은 하나님의 자녀들에게 일어난 가장 큰 변화는 무엇입니까?

답 : 죄로 인해 원수 되었던 하나님, 이웃들과 화목할 수 있게 된 것입니다.

🌸 기도

하나님 아버지. 이 세상은 전쟁과 고통과 죄악이 가득합니다. 참 구원과 평화는 오직 하나님의 아들 예수 그리스도를 통해서만 가능하오니 주님의 복음이 온 세상에 전파되게 하소서. 주님의 교회도 계속 기쁨의 복음을 전하게 하소서. 예수님의 이름으로 기도합니다. 아멘

🌸 중보기도

(1) 전쟁과 불행이 가득한 세상 가운데 평화의 왕으로 오신 예수님의 복음이 전파되게 하소서.
(2) 갈등과 반목으로 어려운 사회와 가정 가운데 화목하게 하시는 능력이 부어지게 하소서.

> ▶ **만남의 준비**
>
> 마태복음 2:1-6을 읽고 온 세상의 왕으로 오신 예수님을 맞이할 준비를 합시다.

50 유대인의 왕

> 성경 : 마 2:1-6 (외울 요절 2절)
> 찬송 : 111(통 111), 116장(통 116)
> 주제 : 성탄 전 4주간, 즉 대강절은 주후 600년 때부터 지켜진 교회의 중요한 절기이다. 이 기간에는 예수 그리스도의 오심을 기다리며 그리스도의 재림을 준비한다. 예수 그리스도는 유대인의 왕으로 우리에게 꿈을 주신다.

브라이언 스티븐슨은 9살 때 할머니가 하신 "너는 특별한 아이야"라는 말을 듣고 인권변호사가 됩니다. 그는 인종차별을 받았지만 할머니를 통해 배운 신앙으로 이겨냅니다. 그는 강연을 시작할 때 할머니 이야기로 시작하고 거기에 대해 질문을 받으면 "누구에게나 할머니가 있으니까요"라고 대답합니다. 그 의미는 "누구에게나 꿈은 있죠"입니다. 예수님이 태어나실 때 '한 별'이 나타납니다. 왕의 탄생을 예고하는 이 별처럼 그리스도인은 위대한 삶을 살아야 합니다.

1. 이 별은 예수님의 별로 유대인의 왕으로 오신 예수 그리스도를 선포하고 있었습니다

동방박사들은 멀리서 '별을 보고' 예루살렘으로 왔습니다. 하나님은 이 별이 저들을 유대인의 왕께 인도하도록 섭리하셨습니다. 이 별은 자기를 위해서가 아니라 오직 '유대인의 왕의 별'로서 빛을 발하였습니다. 그리스도인도 오직 그리스도만을 위해 빛을 발해야 합니다. 그리스도인은 항상 예수님을 바라보며 예수님을 향해 살아야 합니다. 그렇게 살 때 겸손하게 이웃들에게 우리를 본받으라고 할 수 있습니다. 한 병사가 폭탄에 맞아 얼굴이 엉망진창이 되었습니다. 정형외과 의사는 그의 원래 사진이 없어 벽에 걸린 사진을 주자 그대로 고쳐주었습니다. 그는 예수를 몰랐고 그대로 고쳐서 예수님의 모습을 닮게 되었습니다. 병사는 말했습니다. "내 얼굴이 예수님을 닮았으니 이제는 예수님과 같이 살겠습니다." 그날부터 그는 변화되었습니다. 그리스도인은 예수 그리스도를 주로 고백하고 영접한 사람입니다. 이제는 주님께 마음을 드리고 주님의 다스림을 받아 주님의 빛을 발해야 합니다.

2. 이 별의 안내로 동방박사들은 유대인의 왕 예수 그리스도를 찾아왔습니다

동방박사들은 하늘의 별을 관찰하면서 세상을 이끌어 갈 새 왕이 나타나기를 간절히 기다렸던 사람들입니다. 저들은 동방으로부터 '별을 보고' 예루살렘으로 왔습니다. 그들은 별이 인도하는 대로 찾아 나섰습니다. 산과 물을 건너 오로지 별만 보고 왔습니다. 드디어 유대 땅 예루살렘까지 이르렀습니다. 산을 건너고 강을 건너 사막을 지나 강도의 위협을 무릅써야 했습니다. 하나님의 아들 메시야, 아기 예수님을 만나기 위해 동방박사들은 모든 어려움을 극복하고 별을 따라 왔습니다. 그리스도인은 동방박사처럼 말씀의 인도를 받으며 살아야 합니다. 하나님의 말씀이 인도하는 대로 따라야 합니다. 아무리 암울하고 어두운 시절에도 별은 빛납니다. 프랜시스 쉐퍼 박사는 "그분은 거기 계신다. 그리고 그분은 말씀하신다"란 책을 썼습니다. 하나님은 지금도 말씀하시는 분입니다. 점점 어두워지는 시대에 살지만, 밤하늘의 별처럼 빛나는 예수 그리스도의 인도를 따라 살아가야 합니다.

3. 동방박사들은 별이 머문 곳에서 유대인의 왕 예수께 경배하고 예물을 드렸습니다

앞서 인도하던 별이 한 곳에 와서는 머물러 섰습니다. 그 별이 머문 마구간에서 탄생하신 예수님께 그들은 경배하며 큰 기쁨으로 보배합을 열어 예물을 드렸습니다. 예수님이 태어나셨을 때 예루살렘의 종교 지도자들은 성경 박사들이었지만, 성경이 증거하는 예수님을 알지 못했고 예수님의 탄생조차 몰랐습니다. 오늘 우리의 신앙이 이럴 수 있습니다. 성경을 많이 배우고 설교도 많이 들었지만 예수님과 무관하게 살 수 있습니다. 이제는 삶의 형식을 바꾸어 직장과 가정과 교회에서 예수님을 겸손하게 경배하며 섬길 수 있어야 합니다. C.S. 루이스는 이렇게 말했습니다. "겸손할 수 있는 가장 좋은 비결은 마구간 구유에 누우신 예수님을 하루에 한 번씩 바라보고 생각하고 묵상하는 것입니다." 대강절에 겸손하신 예수님을 마음에 영접하고 새로운 인생의 꿈을 꾸며 사는 그리스도인이 되시기 바랍니다.

▶학습문제

(1) 어린 예수가 태어나실 때 나타난 별이 한 일은 무엇입니까?
　　답 : 이 별은 유대인의 왕을 위해 빛나는 별로 동방박사들을 인도하는 일을 했습니다.
(2) 동방박사들이 별을 따라 고생을 하며 예루살렘까지 온 이유는

무엇입니까?
답 : 그들은 새로운 세상을 다스릴 왕을 기다렸고 그에게 경배하기 위해서입니다.

기도

하나님 아버지. 어두운 세상에 참된 소망과 구원을 가져다줄 꿈이 필요합니다. 혼돈과 죄악이 깊어가는 이 세상에 참 빛이신 예수 그리스도의 복음이 전파되게 하소서. 오늘의 그리스도인들이 예수님을 바라보며 예수님을 닮아가며 주님의 빛을 발하게 하소서. 이 땅 위에 하나님의 나라가 이루어지게 하소서. 예수님의 이름으로 기도합니다. 아멘

중보기도

(1) 오늘의 교회와 그리스도인들이 오직 예수 그리스도의 모습을 나타나게 하소서.
(2) 진정한 소망과 사랑이 사라지는 시대에 참된 생명을 전하는 한국 교회와 그리스도인들이 일어나게 하소서.

> ▶ **만남의 준비**
> 요한계시록 21:5-8을 읽고 인생의 시작과 종말이 있음에 대해 묵상합시다.

51 알파와 오메가

성경 : 요한계시록 21:5-8 (암송 요절 6절)
찬송 : 554(통 297), 550장(통 248)
주제 : 인생은 영원할 수 없고 반드시 끝이 온다. 삶을 충실하게 살려면 인생의 한계를 알아야 한다. 시작이 있으면 끝이 있음을 알 때 사람은 겸손하게 된다. 끝이 있음을 모르거나 인정하지 않으면 결국 실패하고 불행한 인생을 살게 된다.

빠른 인생을 바르게 살려면 자기 정체성과 사명과 인생의 종말을 알아야 합니다. 사람에게는 마지막 날이 있습니다. 개인의 종말을 알고 살아야 지혜로운 사람입니다. 기독교의 시간 이해는 직선적입니다. 시작이 있고 마침이 있습니다. 시간은 무한히 돌고 도는 원형이 아닙니다. 사도 요한은 새 하늘과 새 땅의 창조를 기록해 놓았습니다. 하나님은 인간의 범죄 이후 뒤틀린 만물을 다 없애시고 새 하늘과 땅을 만드십니다.

1. 성경은 하나님의 창조로 시작해서 예수님의 다시 오심으로 마치게 됩니다

하나님이 태초에 천지를 창조하시면서 역사가 시작되었고, 주님의 다시 오심으로 모든 역사는 마치게 됩니다. 역사는 하나님이 시작하셨고 주님의 다시 오심으로 끝나게 됩니다. 그리스도인은 언제나 종말을 내다보며 사는 존재입니다. 요한계시록은 고통받는 시대를 사는 그리스도인들을 위로하고 격려하기 위해 기록되었습니다. 교회를 박해하고 어둠의 세력이 온 세상을 두렵게 하는 시대에 요한계시록의 말씀은 그리스도인들을 위로합니다. 요한계시록을 포함한 성경 전체의 주제는 예수 그리스도입니다. 그리스도인들이 추구하는 나라는 평화의 왕이신 예수님께서 통치하시는 다윗의 나라, 곧 하나님의 나라입니다. 하나님의 나라는 예수님이 이 땅에 오심으로 시작되었으며 그 완성은 그리스도의 재림으로 이루어질 새 하늘과 새 땅입니다. 맥스 루케이도 목사는 천국은 하나님의 위대한 해결책이라고 언급합니다. 세상의 슬픔과 고통의 문제에 대한 하나님의 대안은 바로 천국입니다.

2. 그리스도인은 세상을 다스리시는 예수 그리스도를 바라보며 삶을 살아야 합니다

그리스도는 역사의 주인이시며 개개인의 삶의 주인이십니다. 사도 요한은 복음을 전하다 밧모 섬에 유배당했습니다. 그는 고독과 절망 속에 처해 있었습니다. 그러나 예수 그리스도께서 그에게 내가 처음과 나중이니 두려워 말라고 말씀하십니다. 예수님은 창조자이시며, 왕이시고, 이스라엘의 구속자이십니다. 죽음은 인간을 한없는 고독과 두려움에 떨게 합니다. 그러나 믿음은 그리스도인들을 담대하게 합니다. 세상의 그 어떤 사람이나 세력도 두려워할 필요가 없습니다. 종교개혁자 존 칼빈은 그리스도인의 삶은 십자가 앞에서 자기 부정과 순례자로 산다고 기록했습니다. 순례자의 종착지는 이 세상이 아닙니다. 세상은 지나가는 곳입니다. 집이 있고 돈이 있고 오래 살아도 사람은 이 세상에 영원히 머물 수 없습니다. 다 버리고 떠나야 합니다. 그리스도인이라면 하늘나라를 향해서 가는 순례자로 예수 그리스도를 바라보며 오늘을 살아가야 합니다.

3. 그리스도인은 만물을 새롭게 하시는 하나님을 믿으며 날마다 새롭게 살아야 합니다

우리 주님은 인류를 다스리시며 모든 나라와 세상을 통치하시는 전능하신 하나님이십니다. 하나님은 종말에 사람과 만물을 새롭게 하시지만 지금도 사람과 만물을 새롭게 하십니다. 역사의 밤이 깊어가고 죄악이 번성할수록 그리스도인은 주님이 오실 때가 가까이 왔음을 알아야 합니다. 그러므로 개인적으로 자신의 인생의 마지막인 죽음과 주님의 오심을 깨어 준비해야 합니다. 그리스도인은 하나님 나라의 통치에 참여하며 주와 함께 왕 노릇할 사람들입니다. 폴 투르니에는 '노년의 의미'라는 책에서 영생은 죽음 이후에 시작하는 것이 아니라 지금부터 영생을 살고 있다고 말했습니다. 하나님은 죽은 자들의 하나님이 아니라 살아있는 자들의 하나님이십니다. 하나님에게는 모든 것이 살아있는 것이기 때문입니다. 하나님과 함께 하는 삶 자체가 이미 하나님과 영생을 함께 하는 삶임을 기억하며 살아야 합니다.

▶학습문제

(1) 그리스도인이 추구하는 하나님의 나라는 어떻게 이루어집니까?
  답 : 예수 그리스도의 오심으로 시작되었고, 주님의 재림으로 완성됩니다.
(2) 그리스도인은 만물을 새롭게 하시는 주님을 어떻게 기다려야 합

니까?

답 : 하나님은 종말에 만물을 새롭게 하시나 현재도 새롭게 하심을 알고 깨어 있어야 합니다.

기도

하나님 아버지. 만물을 지으시고 다스리시며 처음과 끝이 되심을 믿습니다. 언제나 하나님을 바라보며 살게 하소서. 인생의 마지막인 죽음과 주님의 오심을 깨어 준비하는 그리스도인이 되게 하소서. 장차 주님이 오실 때 하나님 나라의 통치에 참여하며 주님과 함께 왕 노릇할 거룩한 사람으로 준비되게 하소서. 예수님의 이름으로 기도합니다. 아멘

중보기도

(1) 모든 그리스도인들이 처음과 끝이 되시는 그리스도를 기다리며 깨어 있게 하소서.
(2) 한국 교회가 하나님의 나라를 이루기 위해 최선을 다하게 하소서.

> ▶ **만남의 준비**
> 데살로니가후서 1:3-5을 읽고 하나님의 나라에 합당한 자의 삶에 대해 묵상합시다.

52 하나님의 나라에 합당한 자

성경 : 데살로니가후서 1:3-5 (암송 요절 3절)
찬송 : 438(통 495), 449장(통 377)
주제 : 그리스도인은 세상에 몸을 두고 살지만, 영원한 하나님의 나라를 믿으며 산다. 종말 의식은 모든 생각과 가치관을 새롭게 만든다. 죽음을 생각하면 지위나 재산도 중요하게 여겨지지 않는다. 초대교회 성도처럼 항상 종말론적 신앙으로 살아야 한다.

초대교회 성도들은 핍박과 환난을 당하며 어려움이 많았고 순교하는 이들도 많았습니다. 그럼에도 그들은 주님이 다시 오시는 날을 고대하고 고대했습니다. 초대교회 성도들은 만나면 '마라나타' 라고 인사를 했습니다. 종말론적 신앙이 없는 자들은 어리석은 자처럼 살게 됩니다. 다시 오실 주님을 기다리며 살 때 진정한 그리스도인으로 살게 됩니다. 바울은 하나님의 나라에 합당한 자로 여김을 받으라고 당시 그리스도인들에게 권면하였습니다.

1. 하나님의 나라에 합당하게 사는 자는 그 믿음이 나날이 자라갑니다

데살로니가 교회는 사도 바울이 직접 전도하여 개척한 교회입니다. 바울은 데살로니가 교회 성도들에게 믿음 안에서 자라갈 것을 간곡히 당부했습니다. 데살로니가 교회 성도들은 바울의 가르침에 반응하여 믿음이 날로 자라나게 되고, 마게도냐와 아가야 지역에 데살로니가 교회의 믿음의 소문이 널리 퍼지게 되었습니다. 이에 사도 바울은 참으로 감격해서 칭찬합니다. 우리의 작은 믿음이 자라날 때, 우리는 큰 기쁨과 만족을 경험하게 됩니다. 믿음은 구원의 능력이 있을 뿐만 아니라, 교회를 견고하게 하며 세상을 이기고 죄인들을 돌이키게 하며, 하나님을 영화롭게 하는 능력이 있습니다. 믿음이 자라려면 첫째, 지금까지 하나님이 행하신 일을 기억하고 묵상해야 합니다. 둘째, 기도할 때 우리의 믿음은 강해지고 자라나게 됩니다. 셋째, 인내입니다. 그저 참는 것이 아니고 하나님의 약속을 붙들고 기도하면 우리의 믿음이 자라는 것을 경험하게 됩니다.

2. 하나님의 나라에 합당하게 사는 자는 서로를 향한 사랑이 풍성해져야 합니다

바울은 데살로니가 교회 성도들 간에 사랑이 풍성하다고 말했습니다. 그리스도인의 사랑은 영적인 사랑이어야 합니다. 인간의 사랑은 아무리 커도 한계가 있습니다. 그리스도인들이 예수님의 사랑으로 사랑할 때만 다 각기 서로 풍성한 사랑을 누릴 수가 있습니다. C.S. 루이스는 그리스도인의 삶의 법칙을 이렇게 말했습니다. "이웃을 내 몸 같이 사랑하라는 말을 듣고 갈등하느라 시간을 허비하지 마라. 사랑을 행하자마자 위대한 비밀 하나를 발견하게 된다. 누군가를 사랑하는 것처럼 행동할 때 머지않아 상대를 사랑하게 된다." 우리는 사랑하기 위해 이웃과의 갈등을 해결할 수 있어야 합니다. 어떤 갈등이나 다툼이 있을 때에라도 상대방을 배려하고 설득하고 최선의 길을 택하라는 예수님의 가르침을 따라야 합니다. 사랑을 실천하려고 하면 언제나 길은 있습니다. 하나님을 생각하며 말씀대로 사랑하면 하나님은 언제나 우리에게 더 좋은 것을 예비하시는 분인 것을 경험할 수 있습니다.

3. 하나님 나라에 합당하게 사는 자는 고난 중에도 소망으로 인내하며 믿음을 지킵니다

데살로니가 지역은 환란과 핍박이 심했던 지역으로 데살로니가 교회 성도들은 환란과 핍박을 견뎌야만 했습니다. 그러나 그로 인해 데살로니가 교회는 소망이 더욱 분명해지고 믿음이 크게 자랐습니다. 믿음의 성장이 고난과 박해의 직접적인 결과는 아니지만 믿음이 성장하는 과정에는 고난과 박해가 동반되는 일들이 많습니다. 연약한 종들이지만 고난과 박해를 당할 때 그들의 소망이 분명해지고 믿음이 더욱 굳세어집니다. 하나님은 우리가 이 세상에 사는 존재일 뿐 아니라 영원한 천국에서 주님과 함께 살기를 원하십니다. 종말 의식은 모든 생각과 가치관을 새롭게 만듭니다. 항상 천국을 바라보며 주님이 부르시면 언제든 간다고 생각하는 순교자의 정신은 우리의 삶을 새롭게 만듭니다. 오늘날 한국 교회의 문제 중 하나는 천국에 관심을 두지 않고 종말에 대한 메시지가 약해진 것입니다. 항상 주님의 오심을 기다리며 거룩한 성도로 살아야 합니다.

▶학습문제

(1) 사도 바울이 데살로니가 교회 성도들의 신앙생활을 보고 칭찬한 점은 무엇입니까?
   답 : 그들의 믿음의 역사와 사랑의 수고와 소망의 인내입니다.
(2) 고난 중에도 하나님의 나라에 합당한 자로 사는 비결은 무엇입

니까?

답 : 하나님의 나라가 가까이 오고 있음을 알고 깨어있는 종말론적 신앙을 유지해야 합니다.

❈ 기도

하나님 아버지. 초대교회 성도들이 고난과 핍박 중에도 믿음과 사랑과 소망으로 살았던 것처럼 살게 하소서. 하나님의 나라를 항상 바라보며 주님 나라에 합당한 자로 살아가게 하소서. 데살로니가 성도들의 아름다운 모범을 늘 묵상하며 주님께서 인정하시고 칭찬하실 교회와 성도들이 되게 하소서. 예수님의 이름으로 기도합니다. 아멘

❈ 중보기도

(1) 날로 악해져가는 세상 속에서도 거룩함을 지키며 살아가는 그리스도인이 되게 하소서.
(2) 한국 교회가 종말론적 신앙과 재림 신앙을 지키며 거룩함을 잃지 않게 하소서.

> ▶ **만남의 준비**
> 지금 내 삶의 자리에서 하나님의 나라에 합당하게 산다는 게 무슨 의미인지 묵상합시다.

구역예배서(37)

■ 구역원 명부 ■   (구)

번호	이름	생년월일	직업	가족수	연락처
1					
2					
3					
4					
5					
6					
7					
8					
9					
10					
11					
12					
13					
14					
15					
16					
17					
18					
19					
20					
21					
22					
23					
24					
25					

■ 구역 출석부 ■

(7월~12월)

번호	이 름 / 주 월 일	27	28	29	30	31	32	33	34	35	36	37	38
1													
2													
3													
4													
5													
6													
7													
8													
9													
10													
11													
12													
13													
14													
15													
16													
17													
18													
19													
20													
21													
22													
23													
24													
25													
통계란	출 석												
	결 석												
	헌 금												

(개인계)

39	40	41	42	43	44	45	46	47	48	49	50	51	52	53	출석	결석	헌금